U0142018

藝術叢刊

楊維鴻著

八大山人書藝之研究

文史哲出版社印行

國家圖書館出版品預行編目資料

八大山人書藝之研究 / 楊維鴻著. -- 初版 --
臺北市：文史哲, 民 82.09
面；　公分 --（藝術叢刊；11）
ISBN 978-957-547-802-5（平裝）.--. ISBN
978-957-547-819-3（精裝）

1.（清）八大山人－學識－藝術

940.9872　　　　82006846

藝術叢刊 11

八大山人書藝之研究

著　者：楊維鴻
出版者：文史哲出版社
http:// www.lapen.com.tw
e-mail：lapen@ms74.hinet.net
登記證字號：行政院新聞局版臺業字五三三七號
發行人：彭正雄
發行所：文史哲出版社
印刷者：文史哲出版社
臺北市羅斯福路一段七十二巷四號
郵政劃撥帳號：一六一八〇一七五
電話886-2-23511028・傳真886-2-23965656

實價新臺幣三二〇元

一九九三年（民八十二）九月初版

ISBN 978-957-547-802-5　　91111

自序

明末清初在中國書史上是一極其重要的時代。

如果說藝術史自身有其規律存在，則由晚明文董浪漫書風到明末四家的表現主義之演化，應是合乎此規律的。然明末表現主義的狂草對應於明以前的書風，是徹底的解構；而有清一朝典型的尙質書風却是復古到秦漢以上極具結構性的篆隸古體。從徹底的解構到再結構的過程，在過去的書史、書論中鮮有人詳加探究。故而形成一藝術史斷層。爲解決此一書史研究的斷層，筆者作爲「歷史發展」史觀的忠實信徒，自必從歷史中去尋求解答。因此，先設定研究對象必需具備下列條件：

一、生長時代：必須是在明末清初之交，歷經治亂之世。

二、書藝風格：需能傳承晚明浪漫色彩，再受表現主義的洗禮，最終却又必需脫褪二者之覊絆而隱現復古之迹象。

具此二條件者始有可能彌合此斷層。而在明清之交衆多書家中，唯八大山人最可代表。

故本論文乃以「八大山人」的書藝爲研究對象。

不同於過去研究八大山人的文章，筆者以西方學者維科的「歷史發展」史觀爲主軸，再藉西方的現象學、符號論、抽象論、詮釋學等近現代西方人文科學的方法，嘗試突破前人的窠臼，而予八大山人書藝的研究能有更開濶的視界，也因此得以證出前人所未能解，唯黃賓虹、李苦禪之慧眼所識的「八大山人書第一，畫第二」、「八大書藝當厠身晉唐」的結論。

在撰寫本論文期間，辭去半數教職，賃居陽明山和霖山莊。平日悠游松園，山風磺水以滌我形神；在寂寥的長夜裡，內人雅雯幽邃凝淨的琴音劃過蒼穹，載我直入百世之上，崑崙之野……前賢的心靈，交會、互放光芒。

楊子雲自序於一九九三年三月十二日陽明山和霖山莊深夜，愛犬小琪在側

謝詞

我怕寫謝詞！

這一生能有這篇論文的完成，不是謝詞數語可以交待的。爲此，我必然不得不被拉回到潛封已久的深邃情感中，而心中不禁隱隱作痛。

從政大企管系畢業後，從來也沒想到，在十二年天涯海角的國際貿易領域裡，會再回到學校當學生。

世事果眞無常，多少歡悲合離歲月，催我憔悴損。

五年前，在俞美霞師妹的介紹下，到華岡指導學生及教職員書法社團。同學純眞的情誼，陽明山的清新朗照，喚回我生命的希望。尤其是三研所博士班的曾敏傑、唐先梅小倆口，整整一年間，清晨伴我登山，傍晚徜徉在竹子湖、擎天崗、松園的夕照裡。冥想、神遊、思索、澈悟；就這樣將公司結束，業務轉交鄭淵博兄接管（迄今每年仍從盈餘中，周濟我這已不肯再辛勤工作的人）。然後了無牽絆地進入文化藝研所。

三年來在清香師、一涵師的厚愛誘導下慢慢沈斂。看書、寫字、用志、集虛，將生命直覺契入三千年的歷史文化中，證悟藝術文化的亙古恆存。

走過了研究生短短的歷程，如有人問我，有何計劃？沒有，我只是很堅定地將生命交給了藝術。它，正如叔本華所說，和宗教是涅槃之所；而我，過去數年情感的錐心煎熬中，毛筆最忠實地陪我哭泣、灑淚！

輕輕地踏出這一步，回首二十餘年來的師恩：

姚師夢谷之引介入謝師宗安門下學書，梁師乃予篆刻；其後自薦於吳師幼之習畫；而今又蒙張師光賓導史，更得呂麗莉師教唱。浩蕩恩深，焉敢有負。而快雪堂畫廊夢麒兄及雍雅堂宏田兄的知遇，松園聖欽兄，牧師金城兄，學長榮槐以及蕙玉姊的策勵皆銘感五內。

感謝三哥維禮，二十年前服兵役時，省吃儉用地將錢存下，都供我買紙筆墨帖；二哥在新竹老家照應父母，大哥打理我的俗事；以及父母的支持，贈我小屋一間，無虞住的匱缺，得以續我藝海浩瀚之旅。

最後，謹以此書獻給內人雅雯，她無怨無悔地包容我諸多缺點，而以琴韻伴我一生。

楊維鴻　一九九二年十一月廿五日凌晨於琴書小樓燈下

八大山人的書藝研究 目錄

凡例

一、本文標點參酌現代一般論文著作，引用符號意義如下：

1.書名號爲《　》，如《八大山人論集》。

2.篇章、論文之引用爲〈　〉，如〈八大山人的家學〉。

3.書畫作品爲〔　〕，如〔楊凝式盧鴻草堂十志跋〕。

二、圖版出處，代號如下：

D—《中國書法》，中華航空公司出版，一九八八。

E—《中國新出土之書》，西林昭一著，二玄社發行，一九八九。及其他二玄社出版之字帖。

G—《金石家書畫集》，大通書局印行。

J—《八大山人畫集》，江西美術出版社，一九八五。

K—《故宮文物月刊》，及其他故宮出版之法帖。

L——《八大石濤書畫集》，歷史博物館，一九八四。

M——《中國名品集——書道藝術別卷1》，藝術圖書公司，一九七六。

P——《八大山人論集》，國立編譯館，一九八四。

S——《淪陷大陸名家書法》，世新出版社。

W——《書法叢刊》第二集，文物出版社。

Y——《MASTER OF THE LOTUS GARDEN》，Yale University, 1991。

Z——《中國歷代法書墨跡大觀（五）——宋》，上海書店出版，一九八八。

圖壹・一　八大山人像（1626－1705），（个山小像，黃安平繪，時年四十九）

第一章 緒論

本世紀以來，由於西方藝術史學界開始了研究中國藝術的熱潮，所謂「清初四僧」也就成了學者們研究的對象，而其中尤以八大、石濤最爲人們所重視。

有關八大山人的研究肇始於一九七六年，香港中文大學所舉辦的「明遺民書畫討論會與展覽」；一九七九年國立編譯館收集王方宇等二十餘位海內外學者的論文，在台灣出版《八大山人論集》；一九八〇年前後，上海《藝苑掇英》陸續選刊八大名跡；一九八四年歷史博物館徵集海內外八大石濤眞品於台北展出並出版《八大石濤書畫集》委請學者專家撰文論述。一九八五年江西美術出版社印行《八大山人畫集》，更於一九八六年秋，在南昌青雲譜八大山人紀念館舉行「八大山人三百六十週年紀念」展覽與學術研討會，此討論會經蒐集印成《八大山人研究》。一九八七年上海博物館舉辦明末四僧展覽及討論會。一九九〇年香港大業公司出版《四僧畫集》，其中八大部份多爲一九八〇年前後《藝苑掇英》所選刊者。

有關八大的研究，於是逐漸興起熱潮，而一九九一年美國耶魯大學在王方宇及班宗華（

BARNHART）指導下，舉辦了一場轟動的八大山人書畫及論文展，之後出版《荷園主人——八大山人生平與藝術》（MASTER OF THE LOTUS GARDEN）。同年，台北故宮博物院出版的《故宮文物月刊》自第九十六期起連續刊登有關八大的論文。以上的出版，提供了筆者研究八大的基本材料。在上述的研究論文中，多數研究集中在八大生平、別號之考證，其次才是八大畫作的研究，而有關八大的書藝及篆刻藝術，則僅有數篇短文。

黃賓虹曾言：「八大書第一，畫第二。」舉世滔滔，唯黃氏慧眼獨具，對於八大書藝之成就給予高度的肯定。而李苦禪亦云：「八大山人的書法……直可睥睨晉唐，廁身書法大師之列。」（註一）世人皆知八大繪事之精，且多集中於其繪事之探討。而八大書藝得黃、李二氏之推崇若許，自古卻無多論述，其高古深邃之難於理解可知矣。是則筆者選定其「書藝」爲本論文之論究範圍，實具相當之意義。

其次，就研究方法言，本論文係藝術史的研究。西方著名歷史學家維柯（註二）言：「研究應從問題開始時開始。」（註三）故特別著重「歷史發展」的史觀，並以之貫串全文。

由於八大山人不像董其昌著有《容台別集》、《畫禪室隨筆》，亦不似傅青主之有《霜紅龕集》，石濤之有《畫語錄》，可以藉語言文字表達其藝術思想見解。要研究八大的藝事，固然可以側面從其詩作與題跋語中旁解，然八大詩素以隱晦著稱，跋文亦甚少表達其書藝理念。因此，我們唯有相信西方詮釋學家杜夫蘭的話：「作者之眞實，存在於作品中」、「作品的價値，即在於其言說能力。」(註四)亦即姚師夢谷引述莊子寓言篇語：「(八大一生)言無言，終身言，未嘗言；終身不言，未嘗不言。」(註五)原來，八大的書藝理念「全存」在於其作品中。其所以無言，昭氏之不鼓琴也(註六)。

因此第伍章乃以西方現象學、詮釋學、符號論與抽象論之方法與論據來揭露出書藝之本質，以嚴格考辨書作與書家契繫之可能。有此可能性的存在，則上述由書作逆溯書家之意志，在理論上方爲可能。在此論辨過程中，筆者借引胡塞爾現象學中，意識流的特徵：「意識之具主體能動的指向性」，藉工具(筆紙墨)「做時間性的運動，同時橫向地組構出空間性的形式」的書作，是筆者具開創性的論點，此論點將書家與書作二者的關係在理論上成功地連繫起來。並進而以西方符號論美學家蘇珊·朗格的話：「純粹的自我表現不需要藝術形式。」「藝術表現的是一種藝術家所認識到的人類普遍情感。」將書藝狹義的自我表現論，分化成三個命題(即(一)書家當下情感起伏內象，(二)書家平時蓄積之學養，(三)書家原生的自性之呈顯)，使此小乘義更深化。從而再將書藝推到廣義的，要表現人類昔遍情感(此普遍情感即書藝中的諸多審美範疇)，而使書藝提升到大乘旨的形上義，庶幾可稱「書道」。再由此形上觀回證八大書藝的形式與內涵，方顯其中深邃之境界。

第陸章，落實到八大的精神內涵與書藝形式之分析。經由八大所開出的兩條進路(其一爲由技入道的積累功夫，其二爲性脩反德的明性功夫)，論證出此二者主客體之融一。而後將其形式劃分為線條、結構、造形、章法四部份以與審美範疇中的「眞」、「質」、「古」、「樸」、「渾」、「厚」、「韻」、「秀」、「勢」、「生」、「奇」、「趣」、等文相辯證，以廓清世人對八大書風「孤」、「冷」的誤解。然後，筆者再以維柯的《新科學》、克羅齊的《美學原理》及史作檉的《形上美學導論》為根據，將現象學的「存而不論」部份再放回研究的領域，以打破視二王為書藝之最高典範的傳統認知，而使「八大書藝超越唐宋，直入魏晉之間」的結論，具有堅實的理論基礎。

再於第柒章時，將八大的個人成就推回歷史的時空中，與晚明的藝術思潮做一整體的回顧，確證個體與歷史之相關性，使本論文之寫作具一藝術史的水平，亦即契合於西方藝術史學家里格耳所言：「藝術史研究，必須揭示各個時代藝術風格、樣式的特徵，並由此風格樣式出發去揭示主宰這風格樣式的，更深層的藝術意志（註七），而且還要進一步去揭示左右這藝術意志的世界感（註八）。」（註九）。最後，從楊凝式與八大之比較說起，指出楊、朱二家有四同：

其一：皆生於朝代交替之亂世。

其二：皆佯狂以避禍。

其三：就書史言，俱處於表現主義的狂縱書風之後期。

其四：皆具整合前期狂野書勢使趨典重古雅之風格。

然楊凝式上承盛唐，下開兩宋，影響書史發展至深至鉅，且史不絕書。而八大卻在書史上如曇花一現，隨著有清一朝之開展而漸泯，此中曲折，耐人尋味，在本章中有所論析。

【註釋】

註一　李苦禪《八大山人畫集序》，江西美術出版社，一九八五年初版。

註二　維柯（GIOVANNI BATTISTA VICO, 1668-1744），義大利法學家、歷史學家、語言學家。著有《新科學》。

註三　朱光潛《維柯的新科學及其對中西美學的影響》，七頁，香港中文大學出版社，一九八三。

註四　當代法國著名現象學家杜夫蘭（MIKEL DUFRENNE）《文學批評與現象學》岑溢成譯。摘自鄭樹森編《現象學與文學批評》七〇頁，東大圖書公司，一九八四年印行。

註五　姚夢谷〈八大山人的志節與書風〉一文，國立歷史博物館印行《八大石濤書畫集》，一九八四初版。

註六　語出《莊子．齊物論》：「果且有成與虧乎哉？果且無成與虧乎哉？有成與虧，故昭氏之鼓琴也。無成與虧，故昭氏之不鼓琴也。」

註七　繼里格耳（ALOIS RIEGL）之後，渥林格（WILHELM WORRINGER）認爲：「制約所有

藝術現象的最根本和最內在的要素，就是人所具有的『藝術意志』，它是所有藝術現象中最深層，最內在的本質。」里格耳與渥林格俱爲近代西方藝術史學家。

註　八　渥林格詮釋里格耳的「世界感」大致如下：「決定藝術活動的『藝術意志』來自來人的日常應世觀物所形成的世界態度，即來自於人的日常應世觀所形成的世界態度，即來自於人面對世界所形成的心理態度、印象感受等等。」

註　九　（註六、七、八）皆出自渥林格著《抽象與移情》，一三、一四、一五頁，魏雅婷譯，亞太圖書出版，一九九二初版。

第二章　八大山人的家學與生平

有關八大家學部份，筆者以爲汪世清和王方宇先生考證甚詳，乃引述彼等於《故宮文物月刊》九十六期汪氏〈八大山人的家學〉一文。而生平部份，則以黃苗子於《故宮文物月刊》第九十六期起連載，〈八大山人年表〉爲主要參考資料，再益以其他考證論文補充之。而有關八大狂疾一事，則在葉葉〈論「胡亦堂事變」及其對八大山人的影響〉一文的基礎，再參酌汪世清的〈八大山人小考之二——八大山人不是朱道朗〉，提出本人自家看法，認爲「胡亦堂延引八大入臨川，係暗護八大，而佯狂乃胡氏與八大串計以避禍的一齣戲碼」。

第一節　八大山人的家學

話說明太祖朱元璋冊封第十七子朱權爲寧王，開始南昌朱式一脈。

朱權（一三七八～一四四八）是一位多才多藝的王子。他「生而神姿朗秀，白皙，美鬚髯。慧心天悟。始能言，自稱大明奇士。好古博學，諸書無所不窺，旁通釋老，尤深於史。」這話雖出自他的後裔，但並不是溢美之辭。他自號臞仙，又別號涵虛子，常以此署名他的著作。生平著作等身，萬曆中爲他的後裔所著錄的十七種而外，還有「其他注纂數十種，經子九流、星曆醫卜、黃冶諸術皆具。」可見他的學術志趣和學術成就是多方面的。

他身居貴胄，而「好古博學」，終生從事撰述，這種精神自會對他的後裔產生深遠的影響。

他生平撰述大多經世致用之作，有很高的學術價值。所編《天運紹統》一卷，「自三皇訖元季諸僭僞，各依其朝代，先譜世系，次紀傳授與年代」，實際上是一部很有用的歷史工作書。《大和正音譜》二卷是一部現存最早的選錄北曲曲牌多至三百餘個的北曲譜，至今對研究中國戲曲史仍不失爲一部很重要的著作。正如他在自序中所說的，編纂這部書「以壽諸梓爲樂府楷式，庶幾便於好事，以助學者萬一耳。吁！譬之良匠，雖能運於斤斧，而未嘗不由於繩墨也歟！」他的著書宗旨以及爲學的重視「楷式」和「繩墨」，均於此可以概見。這種學以致用的精神和嚴謹的治學態度，正是形成其家族優良文化傳統的一個重要方面。

朱權有五子，長子盤烒（一三九五～一四三七）「孝友仁厚，洞達理學。」可惜在正統丁巳先朱權而卒，年僅四十三。

盤烒亦有五子，長奠培（一四一八～一四九一）「臞幹疏髯，尤敏于學，才藻豐贍，一意修文辭，造語驚絕。著『仙謠』、『卻掃吟』、『擬古詩』二百餘篇，皆雋遠有思致。」「其書法矯潔遒勁，號曰鐵畫銀鉤。」撰《古今法書》十餘卷，今惜不傳。南昌朱氏以工詩兼擅書法而著稱於世的，當奠培始。

奠培弟四人，均分封爲郡王。二弟奠墠（一四一九～一四七六）爲瑞昌，三弟奠壘（一四二六～一四八八）爲樂安，四弟奠堵（一四二七～一四八六）爲石城，五弟奠壏（一四三三～一四六一）爲弋陽。南昌朱氏僅此四支，傳至嘉靖、萬曆間已是子孫蕃衍，代有英才。現在先從瑞昌、樂安、石城三支中，擇其在文學藝術上的成就較大和聲名較著者論列之，以見一門風雅之盛。

朱拱榣（一五〇三～一五七四後）字茂林，號既白，別號友蓮，瑞昌奠墠曾孫，爲人「好古悅道，留心於六藝，言動被服，恂恂若儒生。」一時名士如羅念菴洪先、唐荊川順之輩，都相與爲友。吳國倫（一五二四～一五九三）贈詩有句云：「魯壁藏書意，河間好古名，誰知今紫者，直似一儒生。」這種側身朱邸而甘居寒素的「儒生」作風，也會對他的家族產生良好的影響。

朱拱欏（一五〇四～一五五九）號眠雲，樂安奠壘曾孫，雖襲封爲郡王，而「以文雅才辨著稱，兼稱繪事，繪菊石妙絕一時。」他的畫今已不可得見，但史籍所載南昌朱氏的善畫者，似以朱拱欏爲第一人。

朱拱樋（一五一三～一五九一）字子深，號匡南，又號同伯，奠培季子分封建安郡王覲鍊之孫，以詩鳴於時。余曰德（一五一四～一五八四）爲他的《瑞鶴堂近稿》作序，稱「君詩凡三變，初喜初唐，稿多逸去；已又馳騁岑孟，無錫俞君愛而傳之，予同年友西蜀陳于韶氏評之篇首可考矣；最後憲章杜陵，嘗語人曰：杜氏近體，辟之日月，舍是奚法哉？」其〈寄明卿時歸武昌〉云：

秋風憶爾轉淒涼，談笑何人復楚狂？
慘淡浮雲迷五老，飄零白雪渺三湘。
醉來擊筑仍誰和，往是懷沙祇自傷。
此日風塵堪臥閣，長孺應不薄淮陽。

南昌朱氏的諸多「天才」中，一意攻詩而成就較著且有集博於今世的，當以朱拱樋爲第一人。

朱多燇（一五三〇～一六〇七）字宗良，號貞湖，拱榣子。工詩，善書法。王世貞（一五二六～一五九〇）贊賞他的詩「氣清而調爽，神完而體舒，其用事切而雅，入字峻而穩，運思深而不刻，結法遒而有味。」其詩五古如〈贈族弟貞吉〉：

仲氏千里駒，本自渥洼至。蕩滌傷局促，
慷慨負奇氣。集難素所敦，明德日以勵。

操觚自弱冠，似含未伸意。逸思何翩翩，
結撰有深致。絲竹固滿耳，冥心識其僞。
但坐理清曲，聽者已心碎。況乃連枝樹，
綢繆豈云異？馨香同風發，華滋本相被。
濯濯清雲姿，肯因嚴霜墜。

這是贈給他的同六世祖弟朱多炡的一首詩，情意委婉而眞摯。朱多貴是詩人，也是書法家。在這兩方面往往都把他同朱多炡並稱。

朱多煃（一五三四～一五九三）字用晦，瑞昌觀鍚曾孫，與朱多熿爲同高祖兄弟，父拱樹，號龍沙，亦能詩。多煃因余曰德而與王世貞相交，被列入「續五子」，從而交游更廣，便著詩名。寧藩諸王孫與後七子及其交游以詩相往還，聲氣相求，一時稱盛，而以此促使朱氏一門詩風蔚然興起，自然會有朱多煃的積極作用。

朱謀㙔（一五五〇～一六二三後）字鬱儀，又字明父，石城奠堵來孫。謀㙔「天性好書，十五能賦，下筆千百言不休，而博聞強記，有鴻生鉅儒所不及識。」甚至「館閣中遇故事隱僻者，貽書相問，裁答如響。」生平著書多至一百十二種。亦工詩。他時從父輩或偕兄弟行遊讌唱和，在朱多熿、多炡等人的詩中常可看到他的名字。他著《藩獻記》四卷，記述朱元璋諸子世系中的傑出人物，最爲簡要而翔實，極具史才。

以上舉出拱、多、謀三輩中的部分能詩善畫者，後先相承，歷經嘉靖、隆慶、萬曆三朝，風雅一門，久盛不衰，爲我國家族史上所少有。這種深厚的家族文化傳統，自也會在歷史上發生深遠的影響。

朱多炡（一五四一～一五八九）字貞吉，號瀑泉，拱檜仲子，亦即八大山人之祖父。朱多炡「十歲就外傅，習經生業，而心厭之。竹隱公更授六藝、老莊、左馬、屈宋、李杜諸家言，大喜。令試爲之，攬筆輒就，坐人皆屈。」

朱多炡「雅擅詩翰，遍交海內賢豪。」他是詩人，他的朋友也大都是詩人。在故里，他與南州諸子結社唱和；後事遠遊，且遊必有詩，於是有五遊編之作；及倦遊歸里，病困家居，呻吟反側，仍以詩自娛，又命「兒子編而名之曰『倦遊』」。諸編都有友人作序。然而時至今日，他的詩集已不可見。

朱多炡是一位頗具特色的畫家。他善於臨摹古人墨蹟，「山水得二米家法，寫生更妙。」更重要的，他以「詞人之筆，寄情點染。」故能盡脫「畫家蹊徑」，可惜他的畫，存世的已極少，亦從未見於著錄。

朱多炡是書法家，亦擅篆刻。胡應麟「王孫貞吉以手鐫印章寄惠走筆奉答一首」云：「遙遙雙玉佩，贈我意何殷。石鼓周王篆，金泥漢帝文。蛟螭寒壓霧，科斗暗藏雲。萬古勾嶁碣，何時一時君。」他與篆刻家何震也是朋友，有「衷誠孺、姜堯章載酒邀何主臣同飲」五律一首和「別何主臣之金陵兼柬歐水部」七絕一首。他還有一位工書法的好友程應魁，又名福生，字孟孺，玉山人，篆分眞草，無一不工。他「篆法壽承，分法徵仲」與「多炡法休承」堪稱文氏同門的私淑弟子。又文嘉（一五〇一～一五八三）是他的季弟多炤的忘年交，到過南昌，曾爲多炤所輯（友雅）作序。朱多炡或與文嘉有直接交往。他的詩書畫三絕在朱氏門中最爲突出。很顯然，他的文學藝術的鑽研和成就，無疑地會直接而且首先影響他的後裔。

朱多炡有五子，以謀字排行，順次是謀㙔、謀𨘷、謀垃、謀鳴、謀卦。伯氏謀煇，字圖南，工詩；季氏謀䴉，字泰沖，工畫；均能世其家學，各得其父一體。

朱謀䴉號鹿洞，是朱多炡的季子。他童年親受父親的指授，及長即精于繪事，擅長山水，兼工花鳥。但是他的畫今已稀如星鳳，極難得見。

朱謀䴉有友謝兆申，二人於萬曆四十五年丁巳在臨川相晤，爲作「朱母七十詩三首」。序曰：「王夫人者，予友太𤞤之母，貞吉宗侯之繼室也。初貞吉配袁舉二子，長圖南，予友今稱來子魚者也。王舉三子，太𤞤仲也，於子魚則季。仲產，不用耳，以目聽，不以舌，以目若手言。攻畫，以筆絢服，行以質被，蓋有南華、白陔之志焉。遜昆悌弟，如集木臨谷焉。且有小宛、怔邁之戒矣。今丁巳六月十月三日，是爲厥母肇生之辰。于時仲客盱鄧之高園，爰丐群雅叶壽篇焉。予既悼予靡恃、出靡玉也。能若介壽膝下乎？詩曰：『明發不寐，有懷二人。』予竊有念於鳴鳩矣。乃爲沖燕之以言。』」這篇簡短的詩序卻給後世保存了有關八大山人家世的重要資料。序中明言，朱謀鸛是一位耳不能聽、口不能言的聾啞人，但又是一位畫家。

朱多炡五子、伯、仲不啞，亦不能畫；叔子雖啞，幼曾習畫，然未以畫名；五子雖有畫名，卻非聾啞，且傳早逝。只有季子謀鸛既啞而又以畫名，與陳鼎「八大山人傳」中所言，「父某，亦工書畫，名噪江右，然暗啞不能言。」正相吻合。八大山人是朱多炡之孫，也就只能是朱謀鸛之子。

朱謀鸛確實是中國繪畫史上一位少有的畫家。他雖然由於生理的缺陷，在與人交往上較多困難，也就必然影響他的藝術實踐。但他在童年打下的繪事基礎上，一意潛心于六法鑽研，得以傳其家學，這就是十分難得可貴的。遺憾的是，他的作品多已散佚殆盡，無從欣賞他的妙筆丹青。所幸有子能世其學，且更發揚而光大之，成爲中國繪畫史上一位偉大作家，他就是至今還爲人所敬仰的八大山人。（註一）

第二節　八大山人的生平

壹、可憐亂世少王孫，一朝崩坼為庶人

明天啓六年丙寅（西元一六二六年），朱謀鸛得子於江西首府南昌之弋陽王府（註二）

名統䓭（註三），又名「耷」（註四），「八歲即能詩，善書法，工篆刻，尤精繪事。」（註五），「爲諸生，世居南昌。」（註六）「少爲進士業，試輒冠其儕偶，里中耆碩，莫不噪然稱之。」（註七），可見八大當時受儒學薰陶，少年王孫，文彩翩翩。若非崇禎自縊，明季崩覆，他可能會從科舉一路下去，藝事或無此成就。

順治二年，清廷薙髮令到達江西，朱耷遂離南昌，亡命奉新縣山中。順治于年戊子，清兵更陷南昌，此時朱耷二十三歲，不得已乃落髮爲僧（註八），師事弘敏穎學，「種田博飯，隱居介岡之燈社及奉新蘆田。」「法名傳綮，號刃菴」。「癸巳，遂得正法於師耕菴老人。」（註九）二十八歲那年更接掌進賢燈社，而後往返於奉新耕香院之間（註一〇）。「住山二十年，從學者，常數百人）。」（註一一）

貳、身寄禪門期瓜熟，忍思思肖效採薇

自順治五年出家到康熙十年（一六七一）間，係雪个英壯之年，常住山中。順治十至十三年間有詩句存世：「棲隱奉新山，一切塵事冥。」又有次韻其師穎學詠〈白狐嶺八景〉詩二首，其一〈問香樓〉：「十二風流曲曲新，聞香誰是問香人。若從此處尋花悟，緣起無端墜六塵。」其二〈吼煙石〉：「茫茫聲息足林煙，猶似聞經意未眠。我與濤松俱一處，不知身在白湖邊。」順治十六年七月，八大自進賢介岡燈社寄贈南昌劉猗品詩：「十年如水不曾

疏，欲展家風事事無。唯有荒園數莖葉，拈來笑破嘴盧都。」康熙十年底行書〈題畫詩軸〉云：「青山白社夢歸時，可但前身是畫師。記得西陵煙雨後，最堪圖取大蘇詩。」（註一二）。而當康熙十年，裘璉與雪个「雲水偶逢」於奉新，雪个爲書「先妣劉孺人行略」，裘氏遂常邀其至臨川作客（註一三）。躊躇的雪个終於在康熙十八年春夏之間抵臨川；在臨川一年餘，和縣令胡亦堂（裘氏之岳父）及此地諸友吟詠唱和，把晤甚歡，有詩二首和胡氏韻存於世：

詩題作「玉茗堂」，詠明朝傳奇名家臨川人湯顯祖若士的故居（位於臨川縣城內的沙井巷西頭，距阜民坊的臨川縣衙門不遠）。詩云：「盧橘墩頭幾百章，特將玉茗署新堂。湯家若士眞稱傲，南國斯文爾正狂。蛺蝶名花歌妓院，幅衫大帽羽人床。誰家檀板風前按，羌笛何堪並玉琅。」

另一首題作「金柅園」的詩，詠的也是臨川當地名蹟（金柅園位於臨川縣城內西北角，在撫州府治後）。詩元：「白雲紅葉醉青霞，皀蓋朱幡兩門華。官釀葡桃川載酒，亭開金柅玉爲茶。瑤琴幾弄麻山雨，詩卷還攜夢水涯。惆悵秋風茂陵客，到來惟見野棠花。」（註一四）。

前述雪个山居時的詩詠，令當代考據大師葉葉以爲「自八大（傳綮）入穎學敏門起至其師示寂止（一六五三～一六七二），此一時期內，宗教似乎佔據了絕對的上風。在留傳至今而屬於此時期的八大作品中，從未見其流露過對故國、對身世的懷念。」（註一五）。

而後在臨川縣和胡亦堂等人唱和的詩作，多涉風花雪月，毫無慷慨激憤之詞，遂令當代某些學者如方聞先生，以爲八大並不是大家所認爲的那般高志之潔士。然誠如黃苗子所云：「由於有清一代民族矛盾始終很尖銳，許多清初起義的史實都被統治者燬滅消除，沒有文字跡象可尋。也由於起兵造反原是殺身誅族的事，爲了保存性命，誰也不敢隨意透漏，代遠年湮也便難於徵實了。」（註一六）「古人說得好，讀史要獨具隻眼，吾人試想，在這世變急劇之年，深山窮谷之中，常有數百人跟從他左右，是否就能說都是從他『學法』？還是別有目的？這雖是個疑問，但不是不值得去加以思索的吧！（註一七）

就詠〈白狐嶺八景〉詩言，抗清復明一事沈重艱鉅，於此中，志士仁人多以詩書排遣鬱悶，以求得身心之平衡。遠在東晉喪亂之時，王謝諸人在浴血抗敵之際，仍留下諸多意興遄飛的詩書絕作。而近如傅青主顧炎武等明末清初抗清最力者，仍於奔走國難之時留下風趣雋永的詩句。如青主五律〈小樓寒夜〉：「昏黑暗人間，龍鱗不可攀。疏鐘聞遠寺，小月上高山。白虎駝經去，青鳥取食還。有兒常懶惰，出戶待風關。」（註一八）

再從「社」字言，〈弘敏小傳中〉云：「……隱居介岡之燈社」，此「社」字在明代是文人的雅集。謝國禎先生云：「明末清初江南社集的風氣最爲繁盛，最早創立復社—明亡後，繼復社而起的……驚隱詩社爲清初江南人士眷懷故明，恥事新朝所結重要社事之一。顧炎武早年曾入復社，後來又參加過驚隱詩社。」（註一九）這些所謂的「社」，表面上爲文人雅集，在明末清初時，實爲反清的人士集結之所。八大隱於介岡之燈社，從學者，常數百人，此能不令清廷起疑乎？

復從八大此時之交友來看，饒宇朴、董劍諤、揭貞傳三人俱爲縣令胡亦堂所邀共吟詠者。此三人史載如下：

饒宇朴：弘敏禪師門人與雪个爲師兄弟，工詩文、尚氣節，又是書法家，當時有高士之名。（註二〇）

董劍諤：字佩公，號曉山，據全祖望所作墓志；知董劍諤與其父在明亡後「互相鍼勵爲遺民」，乃是一位「力固首陽之節不妄交一人」的志士。（註二一）

揭貞傳：是南明烈士揭重熙之子，以忠孝爲邑人取重。（註二二）

又有劉慟城、彭文亮等人爲友。

劉慟城：名九嶷，字岳生，高安人，明崇禎舉人。甲申之變，落髮國蓮寺，釋名「性檠」。築潔庵於城南，復築慟城，志所歸也。天才奇放，晚年究心性命之學，著有《髮聲存年》行世。（註二三）

彭文亮：字白生，號見南，奉新從善鄉諸生，能詩文書畫。甲申明亡，文亮慟器去諸生服，率妻子隱奉新城西北越王山下，爲人傭耕以自給。（註二四）

如此友朋之惕勵，雪个得無清潔之志乎？

語云：「詩言志」，雪个與諸友在臨川時的吟詠，實有不得已者。蓋主人臨川縣令胡亦堂乃清廷命吏，雪个等之獲邀，其原因不一而足，但在胡氏等衆目睽睽之下，怎能如實抒志呢？而以此時所賦之詩來判斷八大之忘家仇國恨，豈不謬哉！其實八大詩作一籮筐，才是他的心聲，可惜秘不示人，終無留傳。故邵長蘅說：「澹公語予，山人有時數卷藏篋中，秘不令人見。」所幸在他題畫詩中仍可見許多思懷家國的悲心，也有不畏權勢的諷刺之作，在在顯示出八大之堅貞氣節。茲選錄於下：

康熙十一年（一六七二年），雪个以驢屋驢的款書畫一梅花圖，題有：「梅花畫裡思思肖，和尚如何如採薇。」

康熙二十一年（一六八二年），書〈甕頌〉六首。「春甕」云：「若曰甕頭春，甕頭春不見，有客豫章門，佯狂語飛燕。」「陶甕」云：「小陶語大陶，各自一宗祖，爛醉及中原，中原在何許？雪个爛醉心傷，中原何在，是何等悲切之語也！康熙二十九年，題〈孔雀圖〉：「孔雀名花雨竹屏，竹梢強半黑生成；如何了得漏三耳，恰是逢春坐二更。」以諷刺江西巡撫宋犖。其不肯屈從於所謂貴人者，可見骨氣之硬挺。

康熙二十八年（一六八九年）畫〈秋供圖〉，題「眼光餅子一面，月圓西瓜上時，個個指月餅子，驢年瓜熟爲期。」此時八大已是六十四歲，復明之聲已杳，八大在題此大膽「反詩」之時，內中之無奈與慨歎，實令人傷懷。一直到他晚年的山水畫中，仍常題詩：「郭家皴法雲頭小，……一峰還寫宋山河。」「墨點無多淚點多，山河仍是舊山河……」以宋喻明，以元比清。心存明室，在在透露筆端。

而裘璉亦有文如下：「往歲壬子，客江右，獲交蘆田釋雪个。」稱其「博獵好古，奇儻不羈。」、「興悲禾黍」，「以不得已故，隱於浮屠。」說他「善書，天下讀書負節之士，莫不知有其人。」（註二五）而在八大暮年之時，邵長蘅遇八大於北蘭寺，其時明亡已近半世紀，八大對故國的思念又復如何呢？邵氏在〈八大山人傳〉中記道：「山人胸次汨浮鬱結。別有不能自解之故……予與山人宿寺中。夜漏下。雨勢益怒。簷溜潺潺。疾風撼窗扉。四面竹樹怒號。如空山虎豹聲。凄絕幾不成寐。假山令人遇方鳳、謝翱、吳思齊輩。又當相攜慟哭至失聲。愧予非其人也。」一向自視甚的邵長蘅，在八大山人前居然自認慚愧道：「予非其人」！非何等「人」呢？非方、謝、吳之輩也。這三位慟哭西臺的汐社舊盟，曾引「已嫁處子不更二夫」自誓的亡宋遺民，乃是以民族氣節名動天下。邵長蘅得共八大一夕深談後，才領會到眼前這個看來「忽狂忽瘖隱約玩世」的大畫家，其心靈深處隱藏的「鬱結」，原來全繫於對故國的一片哀思，也只有遇到方、謝、吳那樣慷慨悲歌的志士，乃肯爲之一吐眞正的心聲。所以邵氏在〈八大山人傳〉讚語中不由感歎道：「世多知山人。然竟無知山人者……哀哉」。（註二六）

故黃苗子言：「『棲隱奉新山，一切塵事冥。』，這兩句話看來也是他隱瞞當年在奉新活動的障眼法。今天我們從他還留下的一些隱晦曲折的詩句中看出，他那時的生活絕不是謝絕紅塵，不問世事的。」（註二七）。雪个乃王室之後，當然本人並不從事前線抗清之奔走或作戰，而是以一「精神領袖」的身份，隱隱爲明王朝之象徵，其奔走者自有他人。此一時期留下兩項重要懸案，有待後之來者，繼續挖掘史料以揭出雪个這段歷史的眞相。其一爲雪个與當時同爲藝文學術間之同好志士，如顧炎武、傅青主、黃宗羲、王夫之、方以智、程邃等人的往來情形之探索。其二爲筆者大膽的假設──胡亦堂廷引雪个入臨川，乃暗護雪个；而雪个狂疾乃胡亦堂與雪个串同演出的一齣避禍戲碼。

康熙三年（一六六四年）南明名將李來亨之死，象徵南明小王朝已全滅，大規模的抗清鬥爭基本上已結束。對明末遺民的內心言，是十分複雜痛苦的。有明一朝，苛政猛虎，君臣相忌，幾全在黨爭、宦害中走過歷史。歸而言之，有下列數患（註二八）：

一、以宦官主掌錦衣衛與東西廠之特務機構，專打擊朝臣。

二、朝臣結黨內鬥，黨爭激烈。

三、倭寇、韃靼、瓦剌、後金（清）等外患。

四、皇莊之制，橫徵暴斂，引生內亂，出現工農奴暴動而後演爲流民之亂，導致明亡。遺民們豈不知王室之暴政之可議，然囿於華夏夷狄之說，拋頭顱、灑熱血、挽狂瀾、濟顚覆。而南明幾個小朝廷在此覆巢微危之際，鬩牆之鬥，史不絕書，怎不令志士們心碎？

而相對於有明朝政之劣敗，清軍入關之初，便以打擊李自成爲藉口，再爲崇禎發喪，擺出「仰承天命，弔民代罪」的面孔。而對血腥事件皆假手流寇或明降將爲之（如明降將李成棟主持的「嘉定三屠」）。恩威並施，確實瓦解相當的抗清意志。再說，康熙即位後，廢「圈地」、禁「投充」、放寬「逃人法」（註二九），在在顯示出康熙的仁政。這種種仁暴對比，困惑了這些一生受儒學道統支配的遺民們。彼等固然以孟子「殺身成仁」爲訓，又何嘗不知「聞誅一夫耳，未聞弒君」之旨？遺民中率皆經史大家，豈不知天命之不可違，五百年必有王者興，改朝換代爲歷史所不能免？只爲一頑固空泛的意識型態，如此抗爭數十載，齒已危，髮已禿，受害的又是誰呢？數十年下來，清廷又已起用無數漢人爲官，彼等多爲明遺民故舊之後，抗爭的對象模糊了，力量也沒了。此時老一輩的遺民們自己堅守志節或是必要的，但對他們無辜的後代，可不能沒有交待。而自古讀書人只有一條出路，即「仕途」，故連黃宗羲、王夫之……等人都免不了爲子孫求一官一職（註三〇）。在這複雜糾葛的喟歎聲中，遺民各選了自己的立身之道，有的接受清廷招攏舉博學鴻詞（註三一），參修明史，有的則爲自己留下清清白白的一生，如顧炎武之轉入經世致用之學，著《日知錄》、《天下郡國利病書》，而傅青主則衣黃冠，走方濟世，一生不與清廷妥協。（註三二）而對江西弋陽王府的「朱」姓後人朱耷來說，他應何去何從呢？眞是「得本還時末也非，曾無地瘦與天肥，梅花畫裡思思肖，和尙如何如採薇。」（註三三）何其沈痛徬徨之末已！

叁、美事拋、名理唾。白刃頻菴，紅塵粉㸃，可但前身應畫師。煙塵裡，狂疾復墮。

康熙十年，雪个與裘璉相遇，裘璉有〈贈別雪个公上人〉五律二首，其二云：「逃禪應有託，寄興此偏多。畫惜王孫馬，書輕逸少鵝。山川窮杖履，歲月老干戈。離別渾閒事，茫茫奈爾何。」

康熙十一年，在雪个的心中，其實已是充滿矛盾的。抗清已入尾聲，明亡已成定局，志士離散，各有歸宿，清廷可會放過王朝後人？雪个當年入山爲僧，乃不得已之逃命行爲。作爲儒家的傳統，無後爲大，豈能終生爲僧？這些在在困擾著他。

對雪个仰慕之至的裘璉，早看出他的難處，故一再邀他到岳父胡亦堂所任官之新昌。有詩如下：

蘭若千峰外，尋幽此數過。溪聲咽石細，樹色抱雲多，入座馴鷗鷺，臨風冷薜蘿。忽聞鐘磬聲，觀世意何如。〈同諸子過蘭若〉

此詩是壬子秋在新昌所作。這座「蘭若」當是「雪公」客新昌駐錫的寺院，境頗幽靜，裘璉到此相訪已經不止一次了。康熙十二年尚有〈留雪公結廬新昌〉一首，意欲挽留八大山人在新昌長住下去。詩云：

莫問龍溪水，何如濯錦湖。人因陶令在，宅似子眞無？山意尋幽杖，雲心靜洗盂。買金開精舍，到處谷名愚。

龍溪水在奉新縣西二十里。濯錦湖即濯湖，又名白澤湖，在新昌縣東二里。新昌有「陶淵明故里」和「梅子眞故宅」。這詩前四句清楚地說明，八大山人原住奉新，客遊新昌。新昌與奉新的山川同樣美好，還有令人嚮往的古蹟，何不從奉新移居到新昌來？這種勸說當然是他自己的願望，但多半是胡亦堂的授意。八大山人與胡亦堂定交在這時即已開始，這次或許就是應胡亦堂之請來到新昌的。又有〈坐雨同个山〉一首，詩云：「不斷黃梅雨，長看白澤湖。鹽溪山色好，比得富奉無？」從這首開始，他便改稱「个山」了。這時已經進入梅雨季節，鹽溪就是流經新昌縣城太和門外的若耶溪。可知八大山人來到新昌以後，直到康熙十二年夏仍在新昌。但後來他並沒有長住新昌，而是回到奉新蘆田去了。

康熙十四年，裘璉〈橫山初集．倚江稿〉卷十一有〈春日懷个山上人〉一首，作於乙卯春由贛返浙途中。詩云：

个也逃禪者，名高藝更尊，風流原國士，飄泊昔王孫。邀笛春帆遠，耕雲野袖存。何時修白社，高詠共芳樽。」（註三五）

康熙十六年，雪个五十二歲，在裘璉不斷地遊說後，終於下了他一生最大的抉擇——以書畫終老一生。一以適性，一以得清清白白地立於天地之間，而不再堅持住山效採薇了。故在此年，對他的同門師兄饒宇朴言：「兄此後直以貫休齊己目我矣。」（註三六）此語即八大正式宣佈不爲禪僧住持，而將以畫僧行世，作爲其理想的歸宿。是以他接受裘、胡的遊請，終於在康熙十八年抵達胡氏新任職的臨川。

康熙十八年胡氏邀請臨川內外詩文友在玉茗堂、金梔園等名勝地聯吟。而留下詠玉茗堂詩共十一首，作者姓名順序如下：㈠胡亦堂，㈡丁宏誨，㈢張瑤芝，㈣胡挺松，㈤丁茂繩，㈥胡挺柏，㈦董劍諤，㈧釋傳綮，㈨揭貞傳，㈩饒宇朴，⑪李茹旻。

詠金梔園詩共十四首，和胡韻者有十首，此十詩作者姓名依次爲：㈠胡亦堂，㈡丁宏誨，㈢張瑤芝，㈣董劍諤，㈤饒宇朴，㈥揭貞傳，㈦胡挺松，㈧胡挺柏，㈨傳綮，㈩李茹旻。這幾位詩人中皆是高僧志士。

從葉葉有關胡亦堂等人之考證（註四〇），及汪世清〈八大山人小考之二〉有關裘氏與雪个之交往，可看出胡氏與諸高士間彼此心靈是相通相惜的。前面曾述及，明末清初遺民與漢人爲清廷官吏者之矛盾複雜情緒，是不能一概以漢賊不兩立來劃分。（身當西元一九九二年的台海兩岸人民應是感同深受的）胡氏此舉亦可能是仰慕諸高士，尤其是雪个的詩、書、畫、人品才邀他們來。葉葉認爲此乃善意的邀請較爲合理，筆者以爲可能是暗中護著雪个。蓋不同於一般志士，雪个乃「朱」姓後人，身家性命殆可危。中山八郎和李旦認爲胡氏軟禁、誘迫雪个之說，甚謬！胡氏若爲清廷爪牙，密報擒之，大功一件。何需軟禁？

然而，就在二十年來的山居苦行之後，好不容易有如許知友酬唱，飲酒作樂的日子裡，雪个突然發狂了。

有學者乃據「軟禁」之說，稱雪个受壓迫打擊，憤激成狂，棄僧還俗（註四一）。根據葉葉之考證，此說已不攻自破。而葉葉認爲：

從事物的本質上來分析，八大臨川發狂問題應傾向於自發的、內在的、心理上的，而非他發的、外在的、被動的。

對葉葉的說法，筆者以爲略顯牽強。王方宇以其爲佯狂，似較合理。（註四四）原因是，對雪个「自發的、內在的、心理上的」發狂的說法，純係葉葉本人的揣測。葉葉云：「在其『走還會城』之前，八大先有『裂其浮屠服焚之』的異舉；『走還會城』之後，八大又有自稱爲『驢』、『驢漢』、『驢屋』、『驢屋驢』奇事。事實上，八大早在康熙十一年尚未到臨川前，自署爲「驢」了，是時尚未發狂。且「驢」字，據香港饒宗頤所說：「八大用驢字署名，近人考證，引起許多誤會，我已經有所辨正。記得臨濟義玄臨終時說：『誰知吾正法眼藏，向這驢邊滅卻。』言訖而逝。義玄自稱曰：『瞎驢』，他喜歡向驢邊入滅，完成他的『自我涅槃』。驢的含義，深遠可見。八大以驢自評，處處不忘臨濟教義，這亦是一個不能否認的例證。」（註四五）

其次，葉葉云：「我想，八大在臨川結交的詩文友可能須負相當重大的『引爆』之責，即我在前文所推測的矛盾心理狀態——是一種對自己原先棄家逃禪的價值起了嚴重疑慮後，所形成的『無可如何』、『不能自解』、的『鬱結』。」

「我想，那可能是種對過去的懷念感傷，對現在的失望不滿，對將來的虛空無寄的感覺，不時穿梭住來，交織而成的心理。簡單言之，也可以說是宗教虔誠與家國之痛二者間的矛盾，所造成在心理上的沈重壓力和負荷。」

如此猜測，極爲薄弱，無法支持其「自發的、內在的、心理上的」發狂假設。

因此，筆者提出數點，以旁證本人的看法——

一、雪个對過去的懷想與未來的無寄，事實上，在裘璉的殷勤敦促下，已然決心離山，有所託了。

二、雪个在丁巳年（康熙十六年）時，已向其師兄饒宇朴表明，不再管所謂禪林拔萃，暨拂稱宗師之事，已決心赴胡氏之邀，此後直以「齊己，貫休」畫僧面目出現，在藝術中覓一片淨土自處了。而藝術——恰是解脫衆生煩惱的利器，唯有在藝術的作爲中，一切都忘我，眞如始現。悲觀主義哲學家叔本華認爲，藝術之境界直如佛家之涅槃。（註四六）而筆者以自身從事藝術創作及人生歷程之體會，足以反駁葉氏之揣測。

三、裘璉在康熙十八年（一六七九年）再遊臨川，作〈釋超則詩序〉，有〈予再遊臨川，聞雪个病顛，歸老奉新，予疑其有託而云然。」而八大臨川詠景詩作，在胡亦堂主修的《

臨川縣志》中，收錄甚多。（註四七）

黃苗子〈八大年表〉，康熙十八年條下又云：

胡亦堂對雪个亦是十分關懷，他的《夢川亭集》有「聞雪公自多寶菴轉而飛錫東湖，詩興大發，入署尚未有期，俚言代柬兼以相邀。」五律一首，是促請雪个從寺觀遷入臨川縣署居住的。除了同情雪个「雲水雙䩨闊，滄桑一衲孤。」之外，末句是「苦戀新詩健，如來來也無？」這樣略帶諧謔的話。雪个曾給胡二齋畫雞、蟹在紙燈罩上，二齋亦爲題詩，有「羽水族各分，飛走殊情性，雪公傳其神，髣髴各所命。」及「張燈玩愈佳，居然此道勝。」的贊語。在胡氏所修的《臨川縣志》中，我們還看到胡二齋〈過東湖寺同雪公〉：「一片東湖空扣船，碧波青草漲爲田，浮沈世事滄桑裡，盡在枯僧不語禪。」這樣寄意深遠的佳作，以及在縣署「者樹軒同雪公而坐」七律一首，這都足夠看出胡亦堂同雪个當時的深厚友誼。（註四八）

可知雪个在臨川時是十分愜意的。八大生前的知友，〈國朝詩正〉的作者朱觀，跋胡亦堂詩曰：「八大山人當披緇時與爲契合，故集中所載雪公唱和尤多。這也說得十分明白，胡亦堂是在丁巳與辛酉之間，八大山人爲僧時與之交好的，而且二人在這期間有很多唱和之作，都載在胡亦堂的《夢川亭集》中。朱觀跋中又曰：「癸未夏，山人出示《夢川亭集》」。朱觀在康熙四十二年（一七〇三年）與八大山人相別之前，是看到此集的，這時已爲八大山人珍藏二十多年了。這就充分說明，八大山人與亦堂相交很深，而且八大山人是十分珍惜這份友情的。且如同裘璉，朱觀爲八大孫子〈題八大山人遺照〉詩中亦云：「一團跡塵埃中，世系出天潢。人知有深意，避世託佯狂。……」（註四九）

四、黃苗子謂觀雪个康熙二十年之山水畫作，似無病顛跡象（註五〇）。而李苦禪以斯道之解人云：「中國文人畫到八大山人，在筆墨的運用上達到了前所未有的高度。誠如荊浩《筆法記》所云：『心隨筆運，取象不惑』、『隱跡立形，備儀不俗』。如此精萃的筆墨，一點一劃，旨在發抒心意，是其意匠慘淡經營所得，決非言之無物或心欲言而口不逮的畫家所可夢見。有史家云，八大山人欷歔飲泣，洋狂過市，其所爲作，類皆醉後潑墨，凡此種種評論，大體由於對筆墨之道無切身體會。八大山人的畫面筆簡意密，構圖精審，足徵其神思極清醒、態度極嚴肅，毫無沈滯處，故能達到剖裂玄微、匠心獨運，觀于象外，得之寰中的高遠境界。」（註五一）再證之以龍科寶的〈八大山人畫記〉語：

山人初爲高僧，嘗持八大人圓覺經，遂自號曰八大。既而蓄辮髮，往往憤世佯狂，有仙才，隱於書畫，皆生紙淡墨。題跋多奇慧不甚可解，人有貺以鮓魚者，即畫一鮓魚答之，其他類是。又嘗戲塗斷枝、落英、瓜、豆、萊菔、水仙，花兜之類，人多不識，竟以魔視之，山人愈快。逢知己，十日五日盡其能，又絕無狂態。最佳者松蓮石三種，有時滿大幅止畫一石，曾過友人書室見之，又於北蘭寺壁間見其松枝奇勁、蓮葉生動，稍覺水中月影過大，且少蓮而多石，石固佳也。熊國定先生爲我置酒招之，至東湖閒軒，笑謂之曰：『湖中新蓮與西山宅邊古松，皆吾靜觀而得其神者，願公神似之。』山人躍起，調墨良久，且旋且畫，畫及半，閣毫審睞，復畫。畫畢痛飲笑呼，自謂其能事已盡。熊君抵掌稱其果神似，旁有客乘其餘興，以箋索之，立揮與鬥啄一雙雞，又漸狂矣，遂別去。（註五二）

其理智之清醒，豈是非藝術中人所能妄指。而八大晚年與友人書信往返，亦皆清醒異常，其處世自有一套功夫可避俗人官家，其內斂沈深不是一般人所能料，所能及。蓋可推斷，在清廷准許明王室族人返歸本籍，不再迫害之後，八大終於不再裝瘋作啞而以王族後人顯世。其〈个山小像〉上的「西江弋陽王孫」或許是此時才蓋上的。

故雪个之發狂疾，極有可能是胡亦堂即將調離任所，恐雪个被迫害乃與之串通設計，以避人耳目，永全性命之舉。即便是裘璉，亦不是甚清楚，只有些懷疑，其有所托。筆者此假說，猶待大陸之學者如汪世清者，以更詳實的胡亦堂及當年吟詠諸人，離臨川後與雪个有關資料之發掘，以揭眞相。果如是，則胡亦堂可敬可佩矣！

自八大狂疾，返回南昌之後，終生便投注在書畫上，不久開始起用「八大山人」別號，亦爲其藝術生命的新起點。

【註釋】

註　一　以上八大的家學，引述自汪世清〈八大山人的家學〉，《故宮文物月刊》九十六期，六十八頁起，考證詳實，註解明晰，本文不再贅註。

註　二　右文七十二、七十三頁，〔西江弋陽王孫印〕、朱多炡〔弋陽王孫貞吉墓誌〕。

註　三　有關八大山人的本名，考證學者結論分歧，茲略錄於下：

學者	考證結果	論文	論文出處
汪世清	朱統𨨗	八大山人小考	王方宇輯《八大山人論集》，五一四頁，國立編譯館印。
李旦	朱統𨨗	八大山人叢考及牛石慧考	初見一九六〇年出版《文物》第七期，後收入右論集內一〇一頁。
郭若愚	朱議沖	八大山人世系考	仝右，一一六頁。
葉葉	朱中桂	八大山人原名朱議沖的商榷	仝右，八七頁。
李葉霜	朱容重	關於八大山人的新論證	仝右，一九一頁。

唯筆者參讀各家之說，最後採汪世清先生爲準，以其基本資料較爲豐富可靠。

註　四　張庚〈八大山人〉：「姓朱名耷」，學者以爲耷爲小名。收入王輯《八大山人論集》，五三三頁。

註　五　陳鼎〈八大山人傳〉，收入王輯《八大山人論集》，五三一頁。

註　六　邵長蘅〈八大山人傳〉，仝右。

註　七　饒宇朴跋〈个山小像〉。

註　八　邵長蘅〈八大山人傳〉。

註　九　康熙十二年刊本《進賢縣志》卷十七，「僊釋」。黃苗子〈八大山人年表（一）〉，《故宮文物月刊》九十六期，一四一～一四二頁。

註一〇　仝右，一四二頁。

註一一　邵長蘅〈八大山人傳〉。

註一二　以上八大詩見葉葉〈論「胡亦堂事變」及其對八大山人的影響〉。

註一三　裘璉與雪个之交往，見汪世清〈八大山人不是朱道朗——八大山人小考之二〉，王方宇輯《八大山人論集》，五二〇頁。

註一四　葉葉〈論「胡亦堂事變」及其對八大山人的影響〉，五、七頁。

註一五　仝右，十六頁。

註一六　黃苗子〈八大山人傳〉，收入王方宇輯《八大山人論集》。

註一七　仝右。

註一八　傅山《霜紅龕集》。

註一九　謝國楨《明末清初的學風》，〈顧炎武與驚隱詩社〉一文，二〇五頁，仲信出版社。

註二〇　葉葉〈論「胡亦堂事變」及其對八大山人的影響〉一文，註三一。

註二一　仝右，註三二。

註二二　仝右，註三三。

註二三　〈个山小像〉劉慟城跋。《江西通誌》卷一百四十一列傳。引自《故宮文物月刊》九十八期，一〇二頁，黃苗子〈八大山人年表〉。

註二四　〔个山小像〕彭文亮跋。彭生平見葉葉〈從〔个山小像〕論八大山人的身世問題〉，收錄在王輯《八大山人論集》，八〇頁。

註二五　〔釋超則詩序〕，見《橫山初集、易皆軒二集》，引自黃苗子〈八大山人年表〉，《故宮文物月刊》九十七期，一四三頁。

註二六　邵長蘅〈八大山人傳〉。

註二七　黃苗子〈八大山人傳〉。

註二八　《中國史常識》，弘文館出版庒，一九八六年再版，六〇～七六頁。

註二九　仝右，一六五～一六八頁。

㈠滿族貴族入關後，強占田地，圈以標誌，稱爲圈地。

㈡所謂「投充」，指的是滿清統治者用威逼，恐嚇等方式強迫失去土地，飢寒交迫的漢族人民投入滿族勢要門下，爲其耕田種地和供其役使。他們一經「投充」，就變成滿族統治者的農奴，如同奴僕。也有少數漢人因爲不堪統治者的敲榨勒索，唯恐田地房屋被圈占，他們被迫帶地投充，以求得滿族官員的政治庇護。

㈢這些從事生產勞動，遭受剝削的「壯丁」、俘虜，「投充人」和奴僕，社會地位極其低賤，不僅自己終身隸屬於主人，被主人隨意奴役和鞭打，而子女也世代爲奴，婚嫁都不能自主，完全由主人擇配和隨意出賣。法律上雖然規定主人不能殺死奴僕，但還是有不少戶下人及其子女被主人淩虐致死。

剝削壓迫，必然激起強烈的反抗。掙脫羈絆，逃走求活，是戶下人反抗的主要方式。從清軍進關起，每年都有大批戶下人逃亡，逃人已成爲當時重大的社會問題。清朝統治者制定了極其嚴厲的「逃人」法，並須布處罰失察官吏的法令。但用暴力維護落後的生產方式，是難以持久的，嚴刑峻法阻擋不住逃亡的潮流。

滿族把旗地莊田制限在畿輔範圍內。一六六六年（康熙五年）鰲拜提出重新調整圈占土地（實際是再次圈占），遭到民眾更加猛烈的反對。康熙處死鰲拜後，宣布永行停止圈占民間房地，禁止投充，放寬逃人法。

註三〇　何冠彪〈明遺民子弟出試問題平議〉。《故宮學術季刊》七卷第一期，四一～六八頁。對此期遺老複雜的心理考證詳實，茲摘數則於下：

黃宗羲雖在康熙十九年（一六八〇年）拒參明史館，但是爲子心切，卻遣百家（黃氏之子）從事史館，他在寫給監修徐元文的信中說：「昔聞首陽山二老托孤於尚父，遂得三年食薇，顏色不壞，今吾遣子從公，可以置我矣。」

當時，黃宗羲的同鄉遺民管詣琴（字襄指）對此事頗爲不滿，於是作詩譏諷宗義，並把詩示呂留良。留良和作一首，題爲《管襄指示近作有「夢伯夷求太公薦子仕周詩」，戲和之》，極盡醜化之能事。同年，呂留良在《與魏方公書》中「太沖嘗遣其子名百家字正誼（一六四〇～一六九三）者」一句下，附注黃宗義爲二子求官的一則笑話，引錄如下：

後托貴人爲二子百家、百學援闖例，貴人偶誤記，納百家、正誼爲二，今改百學名百家以應之，非昔之百家矣。

呂留良這則記載，大概是事實。其實黃宗義不但薦子，而且曾向徐乾學薦孫。這件事情是因爲近日發現一封黃宗義寫給徐氏的信而得知的，徵引如下：

小孫黃蜀，餘姚縣童生，稍有文筆，王顓庵（掞，一六四五～一七二八）公祖歲總科考，求閣下預留一札致之，希名案末。顓老相待甚厚，舐犢之情，實爲可愧。黃宗羲除向清廷顯貴推薦子孫外，又歌頌清廷的統治，以及引用清代的年號。因此，如果從種族思想和君臣大義等角度來衡量，前人爭議的黃宗羲晚節問題，無疑已有定論。可是，誅鋤黃宗羲的呂留良，也不見得完全清白！

呂留良曾爲清朝生員，儘管後來放棄此銜，但嚴格來說，已不可稱爲遺民。雖然有人說他是爲了避仇才迫不得已託名應試，到底已經破壞了他所強調的「夷夏大防」，況且他的兒子呂葆中曾中進士，「仕列清華，其餘子孫多遊庠序。」呂葆中在父親生前已受到「惋惜之言」誘惑，對出仕可能已「微動於衷」。無怪他在守喪三年便納監去了。

其實，明遺民的子弟出試而最出人意表的，就是被章炳麟推「季明之遺老」中「最清」的王夫之。王夫之自稱「忠於勝國之心，七十餘年猶一日」，又「臨終遺命墓碑書『明遺臣』」。其次，他不但堅隱不出，而且借論史勸勉遺民與他們的子孫在異族入主時，必須堅持不出仕的原則。現在徵引王夫之在《讀通鑑論》中論述西晉末年「汾陽薛氏聚於沮河自保」，不仕劉曜（？——三二九）、石勒、苻堅數十年，而後人薛強受姚興封號的一段史事，顯示他對遺民子弟應否出仕的意見：

姚興稱帝於關中，禮徵薛強，授以將軍之號，遂降興尋元以取蒲。悲夫！志士以九族殉〔中夏〕，經營於鋒刃之下，貽子孫以盤石之安，〔衣冠〕之澤，而子孫隕落之也。虛名小利動之不肖之心魂，而亡其祖父，彼先世英拔峻毅之氣，怨恫於幽，而子孫或且以爲勞焉，有如是夫！姚興之盛也，不如苻氏，其暴也不如劉、石，遲之數年而興死矣，泓滅矣，拓拔氏尤能容我而無殄滅之夏者，俟之俟之，隋興而以清白子孫爲〔禹甸〕之士民，豈遽不可？然而終不及待也。一失其身，而歷世之流風以墜。

王夫之對前人的要求，可謂嚴厲至極，但是他的子孫卻沒有「俟之俟之」，他們竟是「不及待」而「失其身」。在王夫之的四個兒子和八個孫兒中，除其中四人夭折外，祇有王攽一人可能沒有從事科舉，亦有可能王攽也有參試。

明遺民既然不任新朝，爲甚麼卻讓子弟出試呢？這是一個複雜的問題，不易解答。首先，筆者必須指出，明遺民的不出仕，有著各種不同的原因，未必因爲忠心於明朝。當時，陳確便察覺到其時雖「不乏」不出仕的人，但他們不受風氣影響，「人不出吾亦不出」而已，「未嘗確然有所以必不出志」。Peterson又指出，有些遺民其實在明亡之前已經引退；另有些遺民在明亡時還未成長，他們不仕新朝，可能祇是受了父兄殉國的影響，所以嚴格來說，他們不出仕，祇是孝順，不是忠心。那麼，上述幾類遺民容許子弟出試，便不足爲奇了。

戴名世《溫燦家傳》說：「明之亡也，諸生自引退，誓不出者多矣，久之變其初志十七八。」隨著時間的增長，明遺民的亡國之痛漸而淡忘，加上生計的困難及清廷的威迫利誘，許多在亡國時忠心耿耿，矢志不出的遺民漸漸改志易行起來。何況，一得爲生員，便能「免於編氓之役，不受侵於里胥；齒於衣冠，得以禮見官長，而無笞捶之辱」，所以，當時「之願爲生員」的人，未必一定是「慕功名」，而是「保身家」罷了。因此，在清初厚待生員的政策下，自然召來大批遺民加入科舉的行列。而有些遺民雖堅持不出，爲了保護身家，亦派遣子弟習科業，我們甚至可以假設，因爲部份遺民派遣子弟出試及出仕，才能維持他們的生計，才能保障他們不失節。例如。黃宗義拒修『明史』，卻薦子入史館；同時對監修徐元文說：「今吾遣子從公，可以置我矣。」大概可從這個角度去理解。

另一方面，滿清雖以異族而入主中國，清初的統治者卻能提倡文教及革除明季的竊政，並因而贏得部份明遺民的認同。如黃宗羲對玄燁（清聖祖，一六五四～一七二二，一六六一～一七二二在位）的勵精圖治，屢予頌揚。如在《餘姚縣重修儒學記》中說：「聖天子崇儒尚文。」在《周節婦傳》亦說：「今聖天子無幽不燭，使農里之事，得以上達。剛常名教，不因之而益重乎！」黃宗義除歌頌玄燁外，又尊稱清朝爲「國朝」、清軍爲「王師」，及采用清代的年號，他還期望：「同學之士，共起講堂，以贊右文之治。」因此，他或礙於「不仕二主」的教條，不爲清廷服務，但他爲子孫謀取功名，倒是可以理解的。就算有些遺民不像黃宗羲般積極爲子孫謀求功名，但對子弟參加科舉，並不勸阻。如與閻爾梅（一六〇三～一六七九）並稱爲「徐州二遺民」的萬壽祺（一六〇三～一六五二），在知道兒子子睿、子穀希望參加科試後，寫信給他們說：「功名事，在汝兄弟自斟酌之，我不勸，亦不阻。」在種情況之下，便出現了「遺民不世襲」的說法，全祖望在『題徐狷石傳後』中有下引一則記載：

狷石（徐介）嚴事潛齋（應撝謙，一六一五～一六八三），其後潛齋亦畏狷石。嘗一日過潛齋，問曰：『何匆匆也。』曰：『主臣以兒子將就試耳。』狷石笑曰：『吾輩不能永錮其子弟以世襲遺民也，亦已明矣。然聽之，則可矣；又從而爲之謀，則失矣。』於是潛齋謝過其窘。」

除了「聽之」及「與之謀」以外，更有遺民利用自己和官場中人熟稔的關係，爲門人子弟謀求功名。如自稱爲「前代一老遺民」的錢澄之（一六一二～一六九四），便是一個例子。錢澄之不但送子參加科舉考試，不但賀人中舉，而且更爲「知交子弟」和門人弟子請託舉薦。

當然，明遺民的子孫沒有可能永遠與清政府隔離。事實上，在傳統中國思想中，對於出處問題本有不同意見。自宋代以來，士人對異族入主時的出處問題，至少有三種不同的見解：第一、有些人本著「忠臣不仕二主」的觀念，認爲國亡後不出應仕新朝。第二、抱有種族思想的士人提倡「夷夏大防」之說，絕對不容許漢人出仕外族建立的政權。第三、有些士人把漢族文化的存亡放在第一位，他們主張不論在任何環境下，必須廷續及發揚漢族文化；在這個大前提下，出仕外族就是達成目標的權宜之法。

如以上述三種見解討論明遺民子弟的出處問題，便會發覺遺民子弟的出試不一定是可議的。就第一說而論，明遺民的子弟在明亡時或未成長，甚至還未出生，即使他們出仕清朝，並沒有牴觸「不仕二主」的戒律。至於明遺民劉城在《出處論》中訂立「爲父見殺人子出處之法」：

當革命而父忠先朝，爲後朝殺者，子在後朝毋得仕。父誅於本朝而受誅者，子可仕；父誅於本朝而不受誅者，子可仕可不仕。

從廣義來說，也可歸附於第一說的範圍。第三說既不否定遺民出仕的意義，對於明遺民子弟參加滿清政府，自然不成問題。因此，反對明遺民子弟出仕的，祇是堅持「夷夏大防」的人而已。所以，鼓吹第三說的黃宗羲派遣兒子入『明史』館及爲孫兒謀科第，到底可以理喻。至於高唱種族思想的王夫之允許子孫從事舉業，呂留良賀人及第，以及顧炎武未勸阻姪甥出仕，就不能令人信服了。

遺民之難，自古如斯！豈是後世生於太平之時的人所宜輕議？況且，評論遺民應從大處著眼，若斤斤計較他們的子弟有沒有出試，恐怕眞是國亡以後無完人了！獨怪明遺民每每「嚴於論人而恕於論己」，而後人偶一不愼，便受到他們嚴於律人的空言高調所蒙騙。因此，陳確雖指「出處之事，人行其志，不可以口舌爭」，但又強調「雖不可以口舌爭，亦未應度外置之」，大概就是因爲這個緣故。誠然，徒令「恕己而刻人」的遺民居於清流，怎算得是知人論世呢？

註三一　康熙十七年，清廷召博學鴻詞，傅山、顧炎武不就，康熙十八年，明遺民多人受旨。例如：法若眞（黃山）舉鴻博。米漢雯（紫來）舉鴻博，授編修。徐釚（虹亭）舉鴻博，授檢詩。黃與堅（廷表）舉鴻博，授編修。尤侗（展成）舉鴻博，授檢討。楊之范、舉鴻博，不赴。吳雯（天章）舉鴻博。彭孫遹（羡門）舉鴻博，授編修。張貞（杞園）舉鴻博，不赴。戴王綸（一齋）舉鴻博。高詠（阮懷）舉鴻博。羅坤（宏載）舉鴻博。汪楫（舟次）舉鴻博。倪燦（闇公）舉鴻博，授檢詩。朱彝尊（竹垞）舉鴻博，授檢討。毛奇齡（大可）舉鴻博，授檢討。嚴繩孫（蓀友）舉鴻博，授檢討。陸嘉淑（子柔）舉鴻博，不赴。湯斌（孔伯）舉鴻博，授侍講。摘自《宋元明清書畫家年表》，文史哲出版社，一九八八年再版。

註三二　謝國楨《明末清初的學風》，仲信出版社。

註三三　此爲康熙二十一年，八大在〈古梅圖〉軸上的題詩。

註三四　汪世清〈八大山人小考之二〉。

註三五　仝右。

註三六　饒跋「个山小像」稱：『个山綮公。豫章王孫貞吉先生孫也。少爲進士業……戊子現比丘身。癸巳遂得正法於吾師耕庵老人……丁巳秋。攜小影重訪菊莊。語予曰：兄此後直以貫休齊己目我矣……。』（註三七）丁巳是康熙十六年（一六七七年），八大年五十二歲。八大爲何要舉貫休、齊己二個古代和尚自比呢？原來貫休是個曾一度挂錫南昌梅嶺的雲堂院的五代和尚，以詩畫知名（註三八）。齊己是詩僧，在唐時與鄭谷爲方外交，亦曾寄居南昌禹港的盤龍寺（註三九）

註三七　影本見一九六〇年第七期《文物》月刊的封底裡「个山小像圖」，饒氏跋在圖的中上方（又見《大陸雜誌》六四卷第二期第二四至二五頁）。

註三八　見江西《新建縣志》卷七十第十七頁（道光廿九年重修刊本）。又見江西《廣信府志》卷十〈仙釋〉第三十九頁（同治十年重修刊本）。

註三九　仝右，卷七十第十六頁。

註四〇　葉葉〈論「胡亦堂事變」及其對八大山人的影響〉。

註四一　仝右，兹錄於下：

後之研究八大生平者，對山人被「廷之官舍」的問題，自是關心，一般說來，中外學者有鑑於八大山人的王孫身世、宗教方面的地位、及孤高憤世的性格，自然而然會從民族主義立場推敲八大與胡亦堂間的關係，認爲二者必當如仇如敵。例如：日本大阪市立大學中山八郎教授即以爲，胡亦堂乃一忠心新朝的「文化人官僚」（原文用語），替滿清主子防範朱明宗室八大山人的反清活動。因此，八大實是被胡某「軟禁」（原文）於臨川縣令的衙門內，其後八大山人從「軟禁」逃脫，而胡某之所以未嚴加「追索」（原文），中山氏認爲，經過年餘的「臨川抑留」（原文）之後，八大山人門下的追隨者多已「自行解散」，加以山人自身復染「狂疾」，對於反清活動，早已無能爲力，以此之故，胡亦堂未曾再對八大山人難。（註四一）

李旦先生在其重要論文〈八大山人叢考及牛石慧考〉中，也有類似意見，李旦說：「就在他（按指八大山人）五十四歲那年，清廷以纂修明史開博學鴻詞科，徵舉海內名儒，實際是有計劃的籠絡沒有骨氣的士大夫，也正這一年胡亦堂由新昌調臨川爲知縣，他聽說八大很有名，便以延請爲詞，邀去作客，誘他爲清廷效勞，這使他十分憤怒，遂佯爲瘋顛，獨自走回南昌。（註四二）

註四二　見中山八郎氏〈八大山人の生涯と別號〉論文（載大阪市立大學文學部刊行的《人文研究》第廿一卷第七分冊第廿四至廿七頁）。此文雖有誤失，然分量可觀，是用心之作。惟對中國方面新出資料，如台北故宮博物院收藏的〔傳綮寫生冊〕、或安平畫〔

个山小像軸」等，均視若無睹，不加利用，殊可怪也！其文一再誤北蘭寺僧澹雪爲「澹然」而不知，反稱張庚《畫徵錄》中，誤裘日菊爲「裘白菊」，但是查乾隆四年原刊及日本寬政十年夏翻刻（尾張靜觀堂發售）的《國朝畫徵錄》均作「裘日菊」，分明無誤。

註四三　李旦的論文見《文物》月刊，一九六〇年第七期第三十五至四十一頁，李氏誤算八大山人生年在明天啓四年（一六二四年），是以文中謂胡亦堂之知臨川並清廷開博學鴻詞科事，皆在八大山人五十四歲那年（康熙十六年，公元一六七七年），其實根據〈个山小像〉計年，八大其時應爲五十二歲，詳見署名「一丁」的八大山人生年質疑一文（載《藝林叢錄》第二編第二八〇至二八三頁，一九六二年香港刊）。胡亦堂知臨川雖如李旦所說在康熙十六年，但清廷之首開博學鴻詞科卻並不在該年，事實上清聖祖下詔是在康熙十七年正月乙未，至次年三月丙申朔始御試博學鴻詞於保和殿，授彭孫遹等五十人（其中包括臨川人李來泰，後曾助胡亦堂修臨川縣志並與其爲詩文友）侍讀侍講編修檢詩等官，事見《清史》卷六第七五至七六頁（台北國防研究院本）。

註四四　王方宇〈八大山人病顛和佯狂〉，《故宮文物月刊》一〇二期，十六頁，唯王氏以爲佯狂目的，「據我看就是還俗」筆者以爲未免太小題大做，以八大如此縝思密理，必不致是陋也。

註四五　饒宗頤〈八大繪畫構圖與臨濟曹洞法門〉，《故宮文物月刊》九七期，八十五頁。

註四六　叔本華《意志與表象的世界》，劉大悲譯，志文出版社，一九七四初版。

註四七　黃苗子〈八大山人年表（四）〉，《故宮文物月刊》九九期，七一、七二頁。

註四八　仝右，七二頁。

註四九　汪世清〈八大山人小考〉，收入王方宇《八大山人論集》，五一五—五一七頁。

註五〇　仝註四七。

註五一　李苦禪〈八大山人畫集序〉，江西美術出版社，一九八五年印行。

註五二　龍科寶〈八大山人畫記〉，收入王方宇《八大山人論集》。

第三章　元明以迄清初書風析論

中國書法在北宋時期，出現了所謂的「尚意書風」。宋室南渡，書道漸衰，宋高宗曾言：「書學之弊，無如本朝，作字眞記姓名爾，其點畫位置，殆無一毫名世。」唯早期高宗趙構、岳武穆，晚期陸放翁、范成大等較具規模。有元踐祚、趙孟頫倡復古，以二王爲宗，與鮮于樞同爲書壇領袖。從之者甚衆，如趙雍、趙麟、鄧文原、虞集、王蒙、俞和、揭傒斯、康里子山、張雨等等。此種復古主義的古典風格，一時蔚爲主流。斯時又有楊維楨、陸居仁、倪瓚、吳鎭等人，特立獨行，運筆排宕，用墨酣暢，淋漓奇古，濃枯綢繆，獨樹一幟。然此種不拘成法的表現主義，於書壇之影響終不及松雪等人。

入明之後，一般史家常將書學發展，以書家活動地域爲準，劃分三期。前期以松江（即華亭，今之上海）蘇州地區爲主，以三宋二沈爲代表；中期則轉移至蘇州，以文、祝爲代表；晚期復返松江，以董其昌爲明季書學之殿軍。

筆者以爲此種地域分期法，實難以釐清有明一朝書史的動態歷程。因此筆者以「藝術意志」所左右的歷史風格，將有明一朝書風劃分爲古典、浪漫、表現主義三大流派。在辯證興衰過程中，自然顯出史的全貌。

第一期　洪武迄永樂——古典主義餘風

藝術史之斷代與政治史之斷代是不應一致的。一個朝代新成，必因襲前朝舊典，故新朝代初期之文藝風格必多爲前朝之餘緒，而在中晚期始蘊化出其獨特風格。書史亦不例外。故洪武以迄永樂年間，書壇主流，實爲有元一朝古典風格之承續。

其主要書家及師承如下（註一）：

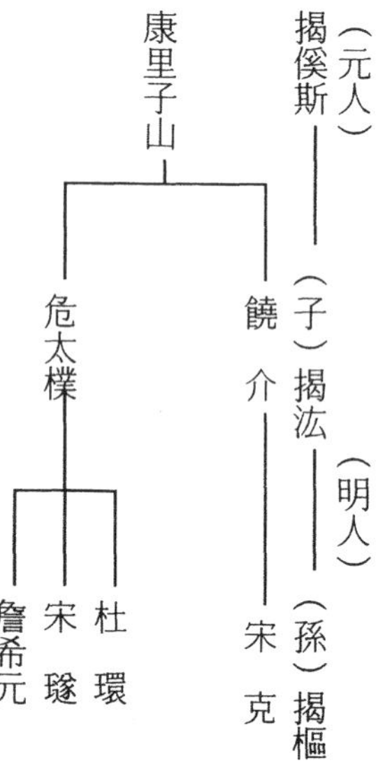

其書風率皆典雅秀麗、技法純熟，法度謹嚴爲其特徵。而此期承續有元表現主義者，幾僅解縉一人。

第二期　永樂迄弘治——台閣體風行

永樂初，「召求四方善書寫士寫外制，又詔簡其尤善者於翰林寫內制。且出秘府古名人法書，俾有假，益進所能。」加上永樂大典巨構之編纂，幾乎網羅天下所有善書者於朝中，其中以沈度、沈粲爲最著。明李紹文的《皇明世說新語》上說：「太宗最喜雲間二沈學士，尤重度書，每稱曰我朝王羲之。」（註二）

沈度那種婉麗橫逸，雍容矩度的書風，在深得明初帝王的寵重之後，一時成爲宮廷書家模倣的典範。而明代初期的宮廷書家，在數量上爲歷朝之冠，宮廷書家遂成爲有明第二期書壇的主力軍，而「台閣體」的書風也就成爲此期的主流。第一書體的形成，完全是明初的政治背景下所促成的；成立之初，其實就是沈度書體的另一個名稱罷了，日後即成爲書制誥的書體，故名之爲「台閣體」。由於「台閣體」的發展聲勢浩大，遂使此期書學有一面倒的傾向，其他書體如篆、籀、分、隸等，雖仍有致力者，其成果卻是乏善可陳。「台閣體是毫無創作生命可言的，這一書體歷經永樂、宣德、正統、景泰、天順、成化，弘治初年間書壇幾全無生氣。」（註三）此與有明中葉以前的整體文藝現象是密不可分的，古典意趣實已喪失殆盡。而此期間特立獨行者唯張東海、陳白沙差可列入表現派者。

第三期　弘治迄萬曆——浪漫主義之興

明朝中葉正是文藝活動由前後七子所提之仿秦漢文轉入唐宋派。（註四）在那科舉掛帥時代，不管學秦漢或唐宋文，無非是要習得八股制義文字的寫作，是士子登科的必要條件。而明中葉，文壇知名人士及書坊都肯定學習三蘇文有助於舉業。王世貞晚年輯錄《蘇長公外紀》一書，作序曰：「今天下以四姓目文章大家，獨蘇公之作最為便爽，而其所撰論策之類，於時為最近，故操觚之士，鮮不習蘇公文者。」（註五）萬曆時鄭之惠輯《蘇長公合作》，書前之引稱：「舉子業至今日……，以無所不啚之論為工，以無所不啚之才為奇，則謂長公之文為今業舉子者訓詁可矣。」（註六）又《寄園寄所寄》引述：「近時俗學皆尙三蘇文字，不復知有唐文矣，況秦漢乎？故不拘大小試卷，主司大率批曰：『宛然蘇子口氣』或曰『深得蘇氏家法』即中式矣。」（註七）可見明中葉以後，士子考官皆都為蘇文所瘋狂。

明中葉以來，「山人」特盛，《四庫提要》：「山人墨客，莫盛於明之末年，刺取清言，以誇高致，亦一時風尚如是也。」（註八）鈴木正〈明代山人考〉中言：「山人有兩種類型，一為布衣山人，一為冠帶山人，後者是在官或罷官的縉紳，他們追求山人的趣味生活，建別業、築園林、徜徉其中，讀書、吟詩、焚香、煮茗、鑑賞書畫等。」（註九）其中冠帶山人以王世貞、祝允明、董其昌為最著。其所謂布衣山人，多為舉業不順之士子，以沈周、文徵明、唐寅、陳繼儒，為典型。沈周詩：「納納乾坤內，秋風自布衣。」充份表現一介平民，自由自在，狂放不羈，獨立天地的一種藝術生活型態，此現象影響明中晚期之文藝甚鉅。《廿二史箚記》中〈明代文人不必皆翰林〉一則云：「唐、宋以來，翰林尚多書畫醫卜雜流，其清華者，唯學士耳。至前明則專以處文學之臣，宜乎一代文人，盡出於是。乃今歷數翰林中，以詩文著者，唯……雖列文苑中，姓氏已不甚著，而一代中赫然以詩文名者，乃皆非詞館；如……祝允明、唐寅、黃省會、瞿九思、李流芳……則並非進士而舉人矣；並有不由科目而才名傾一時者，王紱、沈度、沈粲、劉溥、文徵明、蔡羽、王寵、陳厚、周天球、……徐渭……王穉登……沈周、陳繼儒、婁堅、程喜邃，或諸生或布衣山人，各以詩文書畫，表見於時，並傳及後世。迴視詞館諸公或轉不及焉，其有愧於翰林之官多矣。」（註一〇）

由於舉業的需要，文藝的學習轉以蘇子為主的有宋文學，以及由於「山人」的普遍，追求浪漫的書風乃為一必然之趨勢，而「尚意」的宋人書體遂成時人學習的對象，書壇遂呈現一清新局面。而由於「文人不必皆翰林」，文藝的主導已不在朝廷，而轉入民間。束縛一解，前期居主流的館閣體爲之衰去。代表此期浪漫色彩的書家有吳寬、文徵明、唐寅、沈周、陳繼儒、董其昌、王寵等等，燦然形成一股莫之能禦的時代風尚。

其中吳寬純學東坡，沈周逕學山谷，二人交遊，彷彿爲「小蘇黃」，唐寅仍學趙吳興，此三家於書學成就上因襲多，開創少。而文徵明、董其昌則取資廣遠，摻融各家，自出新意。文氏從二王入，復以山谷變其體。董氏亦從二王入，再取顏魯公、楊凝式，更紹米南宮而與有元之趙孟頫相抗衡。

然則，宋人歸宋人，明人歸明人，歷史環境、社會背景、人文質性，思想內涵俱不同矣。宋人之意趣乃天成者，而明人乃人工也，終文董之世，亦不過得其形之妍美耳，是以史家稱明人書「尚態」，確爲的論。而此種浪漫色彩的尚態書風，才是有明一朝最具代表的風格。

第四期　萬曆迄康熙初年——表現主義獨領風騷

藝術史經常呈現的規律是：先古典，次浪漫，後表現。書法史亦不能脫離此種軌跡。明中晚期，先是呈顯浪漫的風格。於此同時，蟄伏已久的表現主義在祝允明的狂草帶領下，徐文長、陳道復繼之於後，遂興起沛然之勢。茲條舉其重要因素於下：

一、**主體性的自覺**：由於前述之文藝主導轉入民間，前後七子的摹仿說開始受士子們質疑，一時形成公安派、竟陵派以與之對抗，彼等提出抒發性靈，尚眞心、童心等，旨在破除摹擬，而以抒發自我爲文藝之最高理想。在這些思潮的推動下，書家亦產生了主體性的自覺，而不再以古典的摹擬，浪漫的抒情美爲目的，而在如實地將內在的起伏澎湃之內象呈顯出來，以眞爲美，而不爲傳統審美觀所固囿。其最特出者，即傅山所提之：「寧拙毋巧，寧醜毋媚，寧支離毋輕滑，寧直率毋安排。」（註一一）

二、地域性的超越：由於宋室南渡，文藝重心便轉到東南沿海。歷經元、明，此地域色彩益形鮮明。由於有明一朝書風幾由松江、蘇州二地所主導，整個時代雖有古典、浪漫之小異，廣義而言，實屬大同。蓋地域之所範限，易生人文之相近，易成文藝思想之侷隘。

萬曆前後，北京之米萬鐘、山東之邢侗出，始打破南方文董獨霸之局。後更有福建之張瑞圖、黃道周，浙江之倪元璐，安徽之程邃出現，整體書風乃日益豐燦。影響更大的是，來自中原古文化區的河南孟津之王鐸，與山西晉祠之傅山，彼等生長之地理人文背景，與思想識見俱不同於文董之輩。吳門松江獨領風騷之局勢終於被摧破。

三、篆隸古風之復現：有明一朝，書學既以松江吳門爲主，篆隸皆弛，行草獨盛。自王鐸、傅山等出，遂以所見之三代以下、漢魏以上之古風、神韻，蘊化入行草中，故能破除元明以降，文董諸人以二王爲美的典型的成見。

傅山《霜紅龕集》中有詩云：「篆籀龍蝌費守靈，三元八會妙先形。一庵去卓無人

境，老至才知不識丁。」「饕餮蚩尤婉轉歌，顛三倒四眼橫波。兒童不解霜翁語，書到先秦吊詭多。」（註一二）

而其批評董其昌及其追隨者云：「晉自晉，六朝自六朝，唐自唐，宋自宋，元自元，好好筆法，近來被一家寫壞。晉不晉，六朝不六朝，唐不唐，宋元不宋元，尚軟姝姝自以爲集大成，有眼者一見便窺見室家之好。」（註一三）

「漢隸之不可思議處，只是硬拙；初無布置等當之意，凡偏傍左右寬窄疏密，信手行去，一派天機。」（註一四）

「楷書不知篆隸之變，任寫到妙境，終是俗格。鍾王之不可測處，全得自阿堵，老夫實看破地工夫，不能純至耳。……古籀眞行草隸本無差別。」（註一五）

「所謂篆隸八分，不但形相，全在運筆轉折活潑處論之。……按他古篆隸落筆，渾不知如何布置，若大散亂，而終不能代爲整理也。」（註一六）

此種自三代秦漢質樸書風的理解，終促使他提出劃時代的書法美學觀，即前所言之「寧拙毋巧……」等「四寧四毋」之語，影響迄今，仍餘波蕩漾。

四、動蕩時代的來臨：萬曆十五年以來，對內有工農暴動，家奴暴動、流民問題相當嚴動。對外又有瓦刺、後金、倭寇等爲患。朝政又極混亂，人心浮動不安。四方俊豪內中鬱勃不平之氣，無處宣洩，乃多蘊現於文藝的實踐當中。故徐青藤、陳白陽等狂草書風之產生亦非無因。迄李自成陷南京，崇禎自縊於煤山，吳三桂引清兵入關，流寇四竄，山河一夕變色，生民塗炭，怎不令血性漢子直摧心肝！於是書家的線條中在在呈現出英雄的血淚本色，如未降清前的王鐸，英偉昂揚，直逼魯公顏色；又如傅山之雄豪壯闊，黃道周之超邁偉烈，倪元璐之奇崛突稜，如此表現性的狂草書風，一時如風捲浪湧成爲書壇之主流，而將元明以來的書風推到另一高潮。

【註釋】

註一　明解縉《春雨雜述》。

註二　《中華五千年文物集刊》，〈法書篇（九）〉，二八二頁。故宮博物院，中華五千年文物集刊編輯委員會，一九八七初版。

註三　蕭燕翼〈明代的中書舍人與台閣體〉，見《西冷藝叢》，一九八九年三月號，二三頁。

註四　前七子以李夢陽爲首，後七子以李攀龍、王世貞等爲首的復古運動集團，影響整個時文藝表現甚鉅。見《中國古代藝文思想漫話》。

註五　王世貞〈蘇長公外紀序〉弇州山人續稿，卷四十二。

註六　鄭之惠〈蘇長公合作引〉萬曆四十八年，凌啓康刊本。

註七　趙士呈《寄園寄所寄》卷下，以上註五、六、七見《晚明小品與明季文人生活》，五

～七頁，陳萬益著，大安出版社，一九八八年印行。

註　八　《四庫提要》卷一百三十二，子部雜家類，存目九，增定玉壺冰條。

註　九　鈴木正〈明代山人考〉，見〈清水博士追悼紀念〉，〈明代史論叢〉，東京，一〇六二年。註八、九詳見《晚明小品與明季文人生活》，四四、四八頁。

註一〇　趙翼《廿二史劄記》，卷三十四，五十五頁。

註一一～一五　傅山《霜紅龕集》，文史哲出版社。

第四章　八大山人書風的形成

王方宇先生在〈八大山人的書法〉一文序言：

「用中國傳統的說法論八大山人的書法，給了解他的書法的人聽，聽的人因爲已經認識他的書法是甚麼樣子，心裏已經有相當的感應，講的人如果能選用一兩個字，一針見血，有一語破的之效，聽的人會感到痛快淋漓，非常愉快。比方說，邵長蘅在〈青門旅稿〉裏說：『行楷學大令、魯公。……狂草頗怪偉。』張庚在〈國朝畫徵錄〉裏說：『書法有晉唐風格。』龍科寶在〈八大山人畫記〉裏說：『山人書法尤精，少時能懸腕作米家小楷，其行草深得董華亭意，今不復然。亦熊君（熊國定）云。』白苧村桑者（張庚）曰：『隆（應作『龍』，原書誤作『隆』）科寶記云：「山人書得董華亭筆意」非是。』（見〈國朝畫徵錄〉）楊賓《大瓢偶筆》說：『八大山人雖云指不甚實，而中鋒懸肘，自有鍾王之氣。』又說：「世人惟知黃魯直學〈瘞鶴銘〉，不知魯直前有唐之張嘉貞，魯直後有明之八大山人也。』〈明代尺牘〉說：『書有別趣。』黃賓虹說：『書法第一，畫第二。』謝稚柳說：『用禿筆。』又說：『是受明人王寵的書勢所引發。』這些評論當然都有相當的價值。但是若追究起來，要找根據，那就要再費一番探討。」的確，諸家之論，皆窺八大書藝之一斑，而未見其全豹。本章乃先就八大書風的形成，分三期予以詳述。

第一期：「傳綮」、「刃菴」迄「雪个」（～一六七二）

傳世中，台北故宮所藏的〈己亥蔬果寫生冊頁〉題詞，是目前所見八大最早的作品（圖版001K）。上面的書作顯示出八大此時已在初唐諸家楷法上薄有成就。其楷書兼得歐、褚、虞之筆意，間作章草、隸體。最突出的是，此後以迄一六七二年，甚至到一六七七年仍可見到其精熟董體字（圖版003Y、004Y）。隆科寶〈八十山人傳〉謂其「行草深得董華亭意」，當指此期之風格。康熙十年（一六七一年），所作大字〈青山白社〉詩軸（圖版002Y），逼似玄宰且氣勢、筆力幾欲過之，是他董體風格顛峰之作；然此亦表現出瀕於技窮之際。凡能成爲一個史上偉大的藝術家，其心靈必是一直如活水般地生動。當其技窮之時，便會尋找新的素材，嘗試新的表現方式。而黃山谷的風格，適時地提供他轉化的契機。

第二期：「驢」、「人屋」、「驢屋」迄「八大」（一六七二～一六八六）

由於八大畫師法沈周，而沈周擅黃山谷體（圖版004C、005Y）。故此期所取資者恐怕是間接地來自沈石田，而乏黃書之徐容筆調。傳世書作有以「驢」、「驢屋」、「人屋」等署款。而一六七八年的〈个山小像〉戊午題跋（圖版006P），以及一六八二年前後的〈酒德頌〉〈甕頌〉（圖版007Y、008Y、009Y）爲此期行書典型。

於此同時，受王寵從中期近似文董的浪漫書風，轉入晚期表現意味強烈的風格的影響，八大效其筆意，極力誇張，騰擲字勢，跌宕線條，而留下了「驢屋」、「个山」等署款的草書題畫詩作無數（圖版010Y、011Y、012Y、013Y、014Y）。一直到以「八大山人」署款的一六八六年止，可說是董、沈、王三家體貌之綢繆湊泊。

平心而論，八大前二期書風，置諸書史，平平而已，筆跡困弱，筆法直率少含蓄，線條平直乏曲韻，結體稀鬆無疏密之緻。此或由於八大匱乏法帖，或由於識見尚未開廣，或由於心存復明，無心藝事，直爲明人風規所羈。康熙十年，明室已亡，大勢底定。在無限的感歎與莫可奈何的情境下，八大決心自食其力，不爲貳臣，要「清清白白」地立於天地之間。在思想上漸趨莊老，而一方潛心於藝事。此時獲得無數法帖，勤臨〈淳化閣〉帖中的鍾繇、張芝、索靖、二王、王僧虔、歐、褚、虞之書跡，更及旭、素、北海、徐浩、顏、楊、山谷、東坡等書作。最終由於會通篆隸楷行草，使他躍出唐、明重法重形之風格的束縛，投入行草楷的歷史根源中。並隨時用新近理解的線性與構架，去衝撞那些曾經深深地影響他的前人書體，以摧毀其書風的固化現象（圖肆・一），終將其潛存的、豐厚的原創力完全釋放出來，而成就其晚年「氣象曠而不入疏狂」的獨特風格。而本論文所欲探討者，主要亦集中於此第三期之書作。

第三期：「八大」以迄「八大」的署款（一六八六～一七〇五）

此期是八大一生中書藝最重要、最複雜的蘊化期，彼遍臨無數金石碑帖，是八大晚期爐火純青風格產生之所由。故於下文將詳析八大與影響八大此期，特別重要的碑銘與書家之間的關係。

一、石鼓文、禹王碑等三代秦漢碑銘：

王方宇先生云：「八大山人對文字學有深入的研究，並不是偶然的。一方面，晚明十七世紀，中國文人對草書和篆書都很有興趣，出版了不少有關草書和篆書的書籍及字典。另一方面，南昌朱家也有不少人對文字有研究，對八大山人一定有直接影響。」（註一）「當時毛晉（一五九八～一六五九）刊印的汲古閣本《說文解字》風行一時，同時閔齊伋也在一六六一年編印《六書通》，十竹齋主胡正言（一五八四～一六七四）在一六五六年刊印（十竹齋臨古篆文法帖），又於一六六三年書寫並刊印他老師李登作的《篆法偏旁正譌歌》。」（註二）而史載八大的堂叔伯朱謀㙔，博雅好古，尤精文字之學，著有《六書貫玉》等書，又考訂（大禹碑）、（周宣石鼓）、（比干墓銘）成《三古文釋》。其叔朱謀堊重印薛尚功的《歷代鐘鼎彝器款識法帖》。（註三）同時，篆刻大家文彭、何進皆與其父、祖輩可能時相往還（註四）。在這種注重小學，發揚篆刻的時代風氣與家學淵源下，八大早期便應已在篆書上小有成就了。故陳鼎《八大山人傳》云：「八歲即能詩，善書法、工篆刻，尤精繪事。」當即指此而言。而傳世亦見八大晚期所臨之石鼓文、禹王碑及其隸書大字（圖肆・二）（圖肆・三）。

然早期的八大雖精篆刻、小學與篆書，卻尚未能領會篆書與楷行草之可會通；蓋由於元明以來諸家如趙文董等之楷行草，皆無篆籀之意，且傳統的審美觀亦以此爲美，以爲篆隸爲一路，楷行草之筆法又爲另一路，殊不知宋高宗曾語：「士人作字，有眞行草隸篆五體，往往篆隸各成一家，眞行草自成一家者，以筆意本不同，每拘於點畫，無放意自得之跡，故別爲戶牖。若通其變，則五者在筆端，了無閡塞，惟在得其道而已，非風神穎悟，力學不倦，至有筆塚研山者，似未易語此。」（註五）再證諸王羲之的學書歷程：「少學衛夫人書，將謂大能，及渡江北游名山，見李斯、曹喜等書，又之許下，見鍾繇，梁鵠書，又之洛下，見

圖肆・一　臨各家書

八大山人臨歐陽詢書

八大山人臨王獻之　群鵝帖書

八大山人臨蘇軾書

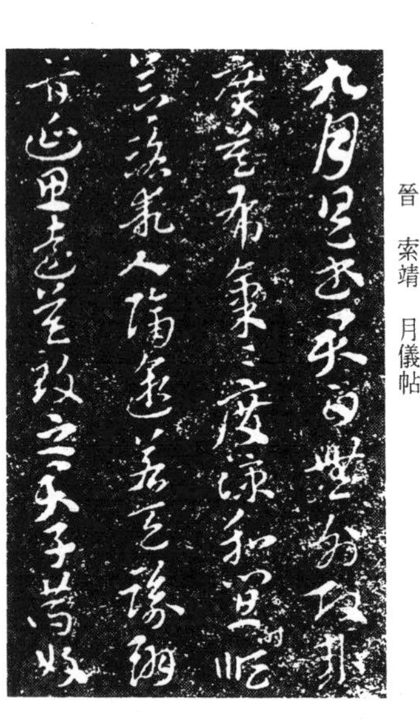

晉　索靖　月儀帖

圖肆・一　臨各家書

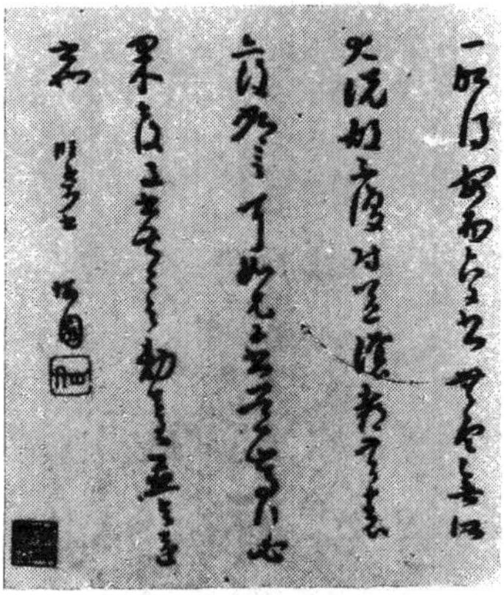

八大山人臨王右軍草書

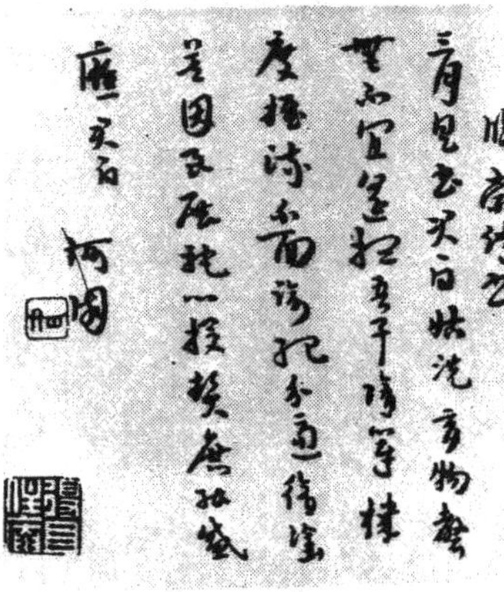

八大山人臨索靖書

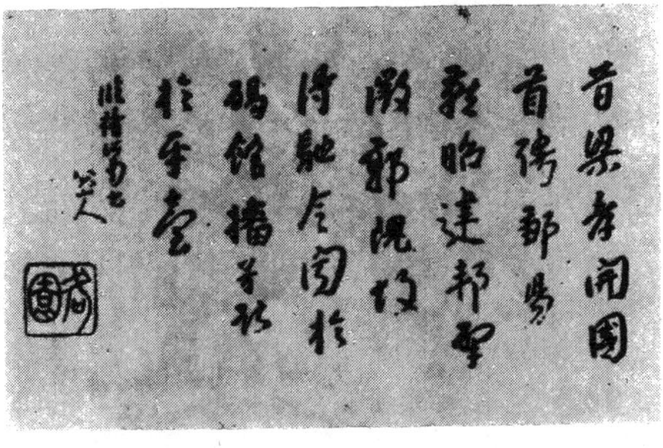

八大山人臨褚遂良書

圖肆・二　臨石鼓文並釋　（1696）

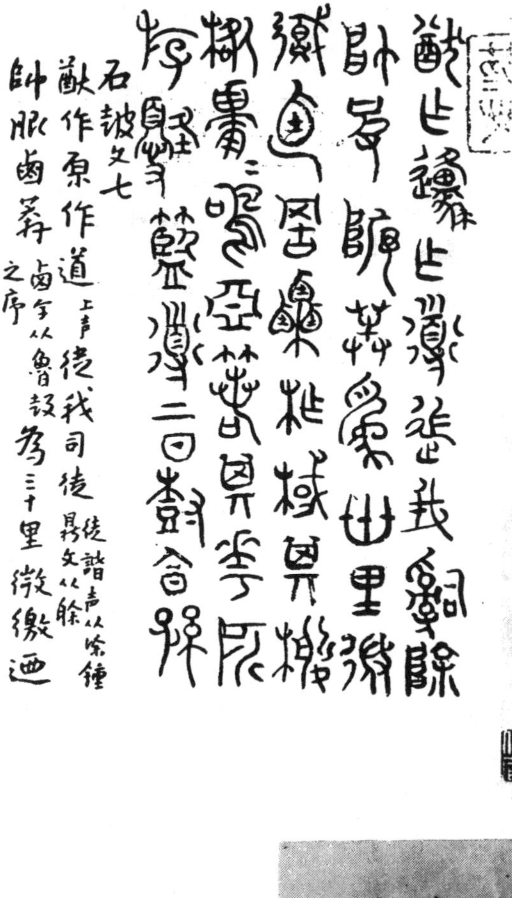

圖肆・三、一　朱多炡（八大之祖父）隸書

三、二　雪个隸書，題文嘉手卷（1676）

三、三　八大，隸書題畫

三、四　八大，臨沈周松柏同春圖，篆書(1702)

圖肆・

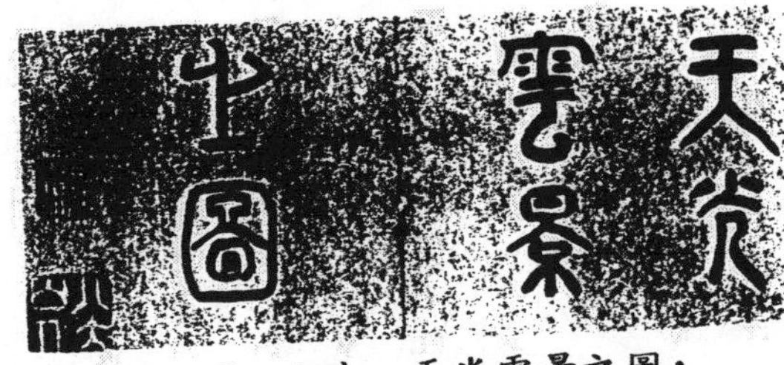

三、五　八大，天光雲景之圖，篆書（1698－1700）

三、六　J，三月十九篆書花押（1697）（此花押篆書線條極美，不在鄧完白之下。且此花押皆用大篆結體，較小篆為生動。

三、七　八大臨禹王碑（1696）

蔡邕石經三體書，夕於從兄洽處，見張昶華嶽碑，始知學魏夫人書，徒費年月耳。遂改本師，仍於衆碑習學焉。」「若欲學草書……，其草書，亦復須篆勢、八分、古隸相雜。亦不得急，令墨不入紙，若急作，意思淺薄，而筆即直過。」

此二句係引自〈王羲之〈題衛夫人筆陣圖〉後〉，近人余紹宋以爲「其爲六朝人所僞託，殆無可疑」（註六）。姑不論其爲右軍所作抑或係僞文，但總在隋唐以前即有的理論，其中清楚地說明了行草之本源。李斯、曹喜、鍾繇、梁鵠、蔡邕、張昶，皆秦漢三國間之善篆隸八分者。右軍改從衆碑人學習，而使行草妙絕天下。後人遂以其爲書聖，輾轉千餘年來率皆以其書爲典範而力學之。但後人不知右軍之本師——秦漢碑碣學起，卻只規模其形似，終無右軍之「質」，自乏右軍之「韻」（註七）。所以「意思淺薄」，格不高，調不古。（此所以筆者於數年前臺靜老在世時，曾於其龍坡里宅中，與其論及明人書作，筆者謂明人書不高，躁氣太重。靜老聞之，一推眼鏡，問余何謂也。筆者答以明人於篆隸上未下功夫，故線條無質厚之根本。而篆隸之功亦在使用筆能澀、能留、能緩；能澀能留能緩，於其動也，則勢強而不躁。此筆者二十年臨池所悟以就教臺老，臺老聞之，沈吟片刻，並未再續論。）

董其昌於「留」字可謂知矣，然康有爲云：「吾眼有神，吾腕有鬼。」董氏雖解「留」字，謂「唐人書皆迴腕，轉折藏鋒，能留得住筆，不直率流滑，此乃書家相傳秘，不可不知也。」（註八），董氏《畫禪室隨筆》與《容台別集》皆具警闢之言，實踐上卻無能爲也。

其因在根本處——篆隸未曾下功夫，終具妍美之形，而乏魏晉古韻（註一三）。文、祝諸人亦然，而八大此期以前亦復如是。然於第三期起，八大了悟五體之關繫，遂在右軍之本師上求，致力於三代金石文字，再以此雄渾線條注化入其楷行草，終使有明一朝薄軟書風復現生命。

二、鍾繇、二王：

傳世的鍾繇字體皆是小楷，如〈還示帖〉、〈薦季直表〉等等，八大於此期常臨習。如果說篆意線條是八大此期書風的筋脈，則開張洞達、寬綽有餘的鍾繇體勢便是它的基本骨架。在此筋脈與骨架的基礎上，他奮力吸收二王以下名家之精華，萃蘊成其血肉，再由其本人的藝術意志造作其體貌。姚師夢谷說得好：

> 八大山人書法之所以能自成一家，早期的臨摹唐人，後期的臨魏晉人書，乃至博攝宋明諸賢的書趣，皆屬熔鑄各家，求其適性而爲己有，在其所遺墨跡中，可一一加以參證。邵長蘅說他書學大令、魯公，在他晚期的書法中，已如《大瓢偶筆》所說『有鍾王之氣』充沛其間，成爲支配其運筆、體勢的主流。故而同書所言山人曾學「瘞鶴銘」，雖無跡象可尋，顯然地已爲「鍾王之氣」所掩了。
>
> 鍾繇之書，平實潤厚，法度天然，不假藻飾，端凝中自具神韻。王右軍繼鍾氏之後，規矩內閣，容與徘徊。「當其末年，思慮通審，志氣和平，不激不厲，而風規自達。」右軍早年之書，尚有人說他秀美有女郎才，到了晚年，「志氣和平，不激不厲，」，與鍾

元常的平實端凝，中含神韻，兩相諧合；而瀟灑流落，尤有過之。魏晉書風，以神韻勝，鍾王可爲其中主帥。八大山人從唐人入手，探索魏晉，可說是直升堂奧，不走冤枉路。他在七十歲後，不僅胸中蘊有「鍾王之氣」，而且心手合一，意到筆隨。凡一著筆，便不期而然地透現這「鍾王之氣」了。

他晚年的書法，有法度而不露圭角，令人無法揣摸。觀其出筆行氣，純然出於「無意」，即絲毫無所用心，而神韻自現。比起唐人的處處著意，謹守法度，自是更勝一籌。在明清時代，十分看重唐人的法度，和晉人的韻味，入徑往往有所偏，不能兼採。趙凡夫則認爲晉人之韻，連接前人血脈；唐人之法，上承古人家數，兩不可缺。他說：

不學唐字無法，不學晉字無韻。不惟無韻，且斷古人血脈；不惟無法，且昧宗支家數。謂晉無法、唐無韻，不可也。晉法藏於韻，唐韻拘於法。能具隻眼，直學晉可也。不具隻眼，而薄唐趨晉，十九謬妄！」

能夠了解「法藏於韻，康韻拘於法」的人，畢竟是少之又少，而八大則獨具慧根，先究唐人之法，再攝晉人之韻，魚與熊掌，兼而得之。事實上，不論八大所臨何人法書，都已爲他所蘊含的「鍾王之氣」所隱覆。（註一四）（圖肆・四）

三、張旭、懷素、顏真卿：

在談到八大第一期書風時，曾提及八大學唐人書，即指學初唐歐虞褚諸家。該時期書風

明「定武本蘭亭帖」拓本

八大山人臨河集序

八大山人臨鍾繇書

圖肆・四　臨鍾繇、右軍書

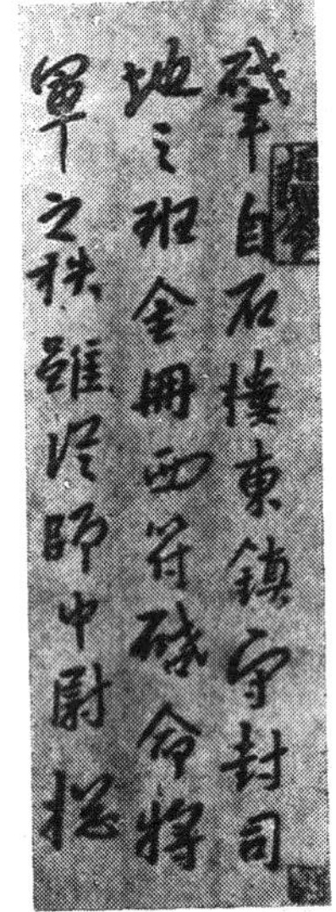

興福寺半截碑(局部)

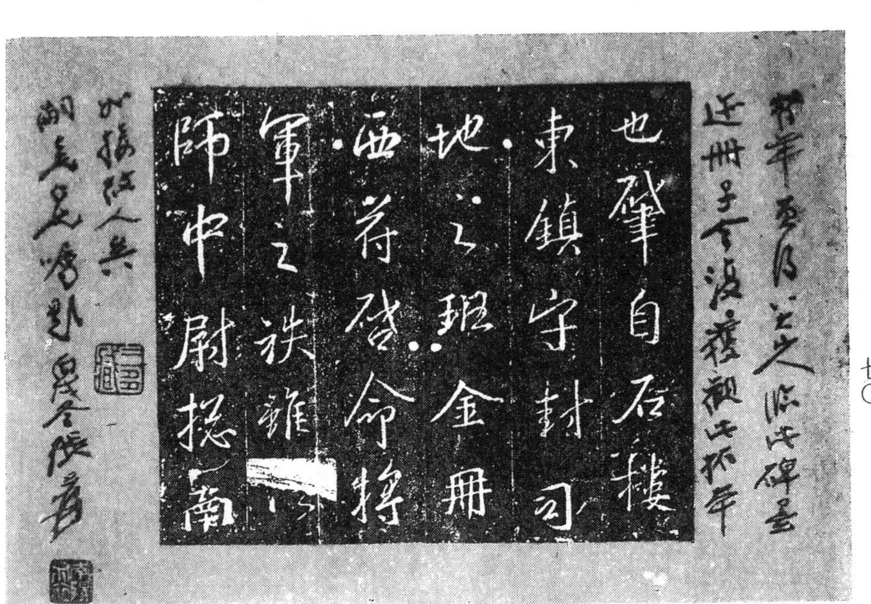

興福寺半截碑

圖肆・四　臨鍾繇、右軍書

特點是起收筆欠含蓄，鋒芒外露，行筆直率少留，缺委婉曲折之韻致。

讓我們來回想一下，「八分」二字的一義。「八分」自古衆說紛紜，其中有一種說法，是秦小篆爲周籀之八分，古隸又爲秦篆之八分，漢今隸又爲支隸之八分，三國、西晉、北魏初時之眞書碑體又爲今隸之八分，北魏中期又是三西晉時之八分，隋唐楷書又是北碑之八分，則初唐楷法中所餘篆質僅二、三分矣。（註一五）去古遠而質實失，故初唐書風不復有秦漢之質厚感。

史謂書至中唐，爲之一變，號爲中興。變的又是什麼呢？其實就是中唐諸家不滿意初唐風格，而改注入隸篆的養份，書藝復現恢宏之氣勢。玄宗雅擅各體，尤精隸書，同時隸之精能者，尚有史惟則、韓擇木、蔡有領、粱升卿、劉升、盧藏用、徐浩、張庭珪等等（註一六）。而篆書，則有李陽冰獨步當代，以及李北海雲麾將軍等碑之篆額，亦具相當高的水平。又如顏魯公之東方朔畫贊幾全爲隸法，康有爲《廣藝舟雙楫》云：「平原得力處，在於漢隸郙閣頌的體法茂密。」而米芾言：「顏（書）爭坐位帖有篆籀氣」（註一七），清劉熙載《藝概》云：「張長史得之古鐘鼎銘科斗篆」。（註一八）。可見中唐書藝氣象，一如開元之壯闊。幾乎所有大書家皆心領神會篆隸古醇筆法，書學鼎盛，此初晚唐之所遜也。

八大於此期悟通篆法之根本，一路臨習中唐諸家，印證五體之會通，其精神骨力遂與彼等合，而於結體言，顏平原彎拱飽滿的筆勢，與張旭誇張的、疏密虛實對比的草法結構，皆影響八大典型書風之形成。

有關八大受鍾王之影響，論者多矣，而徐利明先生卻獨具慧眼，指出北海與八大之關係，茲摘錄其文如下（註一九）：

四、李北海：

李北海的書法脫胎於魏晉，尤得力於二王，體格雄強寬厚，開張而又沉穩，字的勢態往往左俯右仰，上疏下緊，似欹反正，藏巧於拙，用筆渾樸而靈秀。《藝舟雙楫》評曰：「北海如熊，肥而更捷」，極爲形象、恰當。

現在可見到的山人臨北海的書蹟有二。一爲山人六十八歲時在山水冊頁中節臨〈麓山寺碑〉。其中一頁山水畫的左上角，他題道：「昔吳道元學書之於張顛、賀老，不成退，畫法益工，可知畫法兼之書法。」在此冊最後一頁上，右半頁畫山水，左半頁節臨〈麓山寺碑〉，並在末尾題道：「畫法董北苑已，更臨北海書一段於後，以示書法兼之畫法。」這本冊頁的用意，以表明自已對書畫之間關係的見解，主張以書法作畫，以畫法作書，從其書畫作品中可見，其書畫的情趣和藝術風格是極爲和諧一致的。一爲山人八十歲時節臨〈李思訓碑〉。寫在一本書畫冊上，其題款未標明臨何人書，但觀其書貌（尤其是此結體），便知是臨〈李思訓碑〉。山人這兩件臨本之間相距十二年，其間必定還有不少臨本，而且必定還有比六十八歲所臨要早幾年的臨本，因爲從山人晚年作品可見，其師法北海，下了很大功夫。」

再從一些具有典型結體的字上來看。如「之」和「也」的造型，在山人書中是很易引起注意的。這樣的造型與眾不同。但卻可從北海書中找到它的來源。《麓山寺碑》中「之」字，形態寬厚，「之」三畫之間形成的角度基本相等，且末筆短收，這是個特點。山人所書亦同，且更沉穩樸拙，有新的變化。如第三、四個「之」字，「一」緊接上「㇇」，而且「㇇」的起筆處左傾，如鵝游水，情態軒昂。「也」字，北海所書，筆畫勁直，且轉折挺硬，末筆回鋒內收。山人所書，形態似北海，而筆畫直中寓曲，轉折圓和，三筆之間回互映帶，末筆挑出以回應，形成完整的包裹之勢，且筆力內含，表面拙，而巧隱其中。

如「雲」字，上「雨」向右上方開張取勢，「云」緊聚其下中部。山人所書亦如此，並較北海輕鬆自然，「云」字變北海之「云」爲「云」，有斷有連，有緊有鬆，最後向右下方收筆，含蓄生動，多變和諧。北海書「雲」字的「冂」很有特色，左邊「丿」不是明顯

向左外方頓挫，右邊「冖」不是徑向胸中勾去，而寫成「冖」，有隸意。山人所書同，而在筆勢上變其挺直爲直中有曲，隨意天眞，並擴而用之於「宅」、「亭」、「霑」等有「冖」之字。北海書有「宀」頭之字，唯「家」字的「宀」寫得開張飛提，特別奔放，甚至占字之一半以上地位，「豕」則緊收於下。山人所書亦效此法，並擴而用之於「它」、「實」等有「宀」之字。

字之上部往往處理得疏朗空靈，而下部聚緊，這在北海書中是常見的手法。如「道」和「花」的「之」，從而造成字之上下部強烈對比，疏則更疏，密則更密。山人書「花」、「道」、「兼」、「苔」、「草」等字亦作是法。

如「中」字，北海書「口」寬大，「丨」寫得短促，縱貫於「口」之中部。山人將此特點作進一步誇張，更爲寬大的「口」，「丨」偏於右縱貫其間，且伸長「丨」之上部，下部短收，避免了對稱，勢態較北海更爲生動。

如「大」與「天」，筆畫少，則更向橫勢展開，山人書亦甚似，且進一步生發。如將「大」字之「丿」亦以上伸下促法爲之，「㇏」

變爲短「丶」，甚而爲「丶」，使三筆之間有一塊空處，整個字更爲空曠有神。「天」字則純爲北海法，而「夫」字體態與此相同，只是「天」字出頭而已。北海書中對某些字之「口」形結構常寫得端方平正，對稱均等，甚爲沉穩，如「弘」、「顏」、「石」、「日」等即是。山人書中此類結構與北海一脈相承，甚至過之，如其所書「知」、「始」、「石」、「苔」、「貝」、「春」、「賜」、「韻」等即是。山人師法北海，常將其點畫佈置較爲均等之處加以奇險處理，或俯或仰，或合攏或分開，力求變化，這一點在山人書法創作中表現得甚爲活躍。獨在「口」形偏旁結構上純然北海法，有時亦較北海更爲平正、均等。可見此乃山人用心之處，在其書法中起著調節奇正的作用，更顯出天眞之趣。

確實，八大書勢有得力於北海之處。觀其一六九九年所臨（集王字興福寺斷碑），甚多北海上疏下密，左俯右仰之體勢。然八大六十八歲時在山水冊頁中節臨的（北海麓山寺碑）及八十歲時節臨之（北海李思訓碑），皆較北海書輕鬆隨意，神彩動人。實已非北海之思訓與麓山寺碑所能罩範了。此中之合與離，關係著八大書風之轉變甚鉅，而可惜徐文未能再予深探。董其昌云：「書家妙在能合，神在能離。」、「且定一取舍。取人所未用之辭，舍人所已用之辭；取人所未談之理，舍人所已談之理；取人所未布之格，舍人所已布之格；取其新，舍其舊。」離合之間，關係大矣。

現在，先將歷來名家對北海書所下的評語條列於下（註二〇）：

1.唐盧藏用：「邕如干將莫邪，難與爭鋒。」

2.唐岑宗旦：「（邕書）舉動不離規矩，而有虧適變通之道焉。」

3.北宋朱長文《續書斷》：「邕書如寬大長者，逶迤自肆，而終歸法度。」

4.北宋黃山谷題李邕（嶽麓寺碑）：「道林嶽麓寺碑，字勢豪逸眞復奇崛，所恨功巧太深耳，少令巧拙相半，使子敬復生，不過如此。」

5.北宋米芾《海岳名言》：「李邕脫出子敬，體乏纖穠。」

6.明項穆《書法雅言》：「……李邕初師逸少，擺脫舊習，筆力更新，下手挺聳。」

7.明楊士奇《東里續集》：「北海書，矩度森嚴，筋骨雄勁，沈著飛動，引筆有千鈞之力，故可寶也。」

8.明張丑《管見》：「始變右軍行法，其頓挫起伏，奕奕動人。」

9.《書概》：「北海書，氣體高異，所難尤在，一點畫皆如拋磚落地，使人不敢以虛憍之意擬之。」

從以上九條評語，證諸北海存世書蹟，我們可以歸納出北海書的幾項特徵：

一、筆力特強，有千鈞之勁，一點一畫皆如拋磚落地，故字勢豪逸奇崛；行筆起伏頓挫，奕奕動人。

二、結體緊密，舉動不離規矩法度，有虧適變通之道。

三、功巧太過，一味用力，乏子敬之纖穠，殊少韻致。

再看看八大此期以後之書風，其與北海合者，在「上疏下緊」之結體與「似欹反正」之字勢。而其與北海離者，可列舉如下：

一、就線條言：北海善用直、折線條以呈現陽剛偉烈之外現氣力，一如其為人。而八大則從篆法與旭、素、平原之曲轉筆意調鈞之，以呈現內斂勁厚，樸茂圓融之質性。

二、就韻勢言：北海行筆起伏頓挫，一點一畫皆如拋磚落地，山谷所謂功巧太深，其勢出盡。而八大純然出以樸拙平實之篆勢，蓄深意，餘韻無窮。

三、就結構言：北海結體多上疏下密，左俯右仰；而八大或上疏下密，或上緊下鬆，或左疏右密，或左擎右放，移形易位，俯仰牵意，蕭散自得，實盡字形字勢之變極。

四、就章法言：魏晉古詩一入唐，便有格律之限，魏晉浪漫之書體一入唐，便生衆法。北海生當其時，藝術意志自不能不為時代所制約，故其書多結體緊密，法度森嚴。而存世之墨跡如〈出師表〉、〈古詩帖〉（圖肆．六）字字自衿，互不相讓，是則北海書未能於章法中求變。而八大風規魏晉，於整體佈局章法特多會意，此亦八大與北海之離也。

由以上析證，可知八大固多得於北海，然亦能大離，以其能大離，才能開創出一片天地。

然而促成八大能離北海書風之制約因素何在？

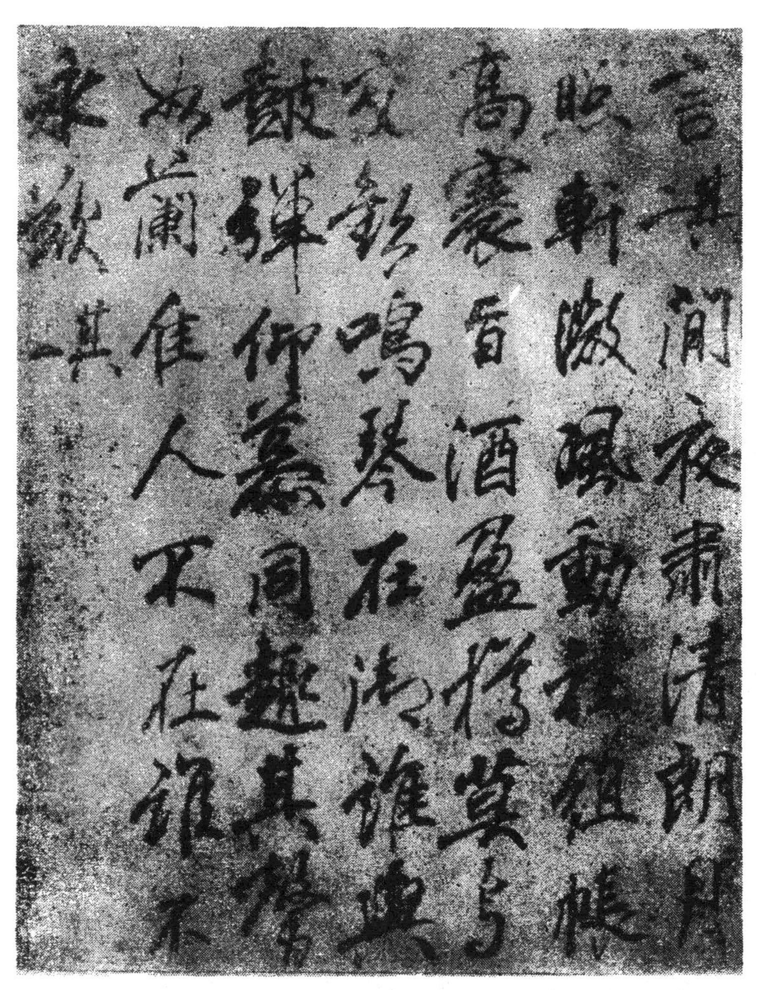

圖肆·六　李北海古詩帖

八大書藝如同龍潭深淵，曲高和寡，知之者渺，故若不再細加掘索，不能發其幽光。八大之能大離北海者，一因耳，「悟」也。乃受董其昌論書語，暨楊凝式書風之影響而頓悟。此實為八大典型書風生成的另一重大關鍵，亦為前人幾無論及者。而黃苗子卻獨具慧眼，指出此一關係；所憾者，彼於此關鍵點僅以數字帶過。讓我們再回到漢魏迄唐宋的書史中尋索，以便能更清晰地在史的全貌開展下，呈顯此關鍵。

五、楊凝式與董其昌：

在書史的流脈中，翻開兩漢魏晉之間，斑然燦爛的那段書法演化史，我們看到從漢隸八分解體，而行草楷尚未完全分化獨立前，書寫者常在一行中間夾雜著後人所稱的楷行草在內，其整體章法布白是那般天眞爛漫（圖肆・八）。入晉之後，人稱右軍變其體為今草，實際上是說漢魏晉間自然形成眞行草書，在入晉時已第一次地被包括右軍等書家「人為」地整頓了。眞行草於是有了某種程度的分化獨立原則；書寫時，盡可能楷不兼行，行不兼草。然此時去漢魏未遠，古質風韻猶存。隋唐之後，各體發展漸完熟，由是總結魏晉以來的創作經驗而有「定法」產生。由初唐迄中唐，此「法」益加根深蒂固而為時代特色，制約著該時代藝術創作的表現。故如李北海，雖有心衝破此束縛而以行草入楷書碑（註二二），並在個別字的結構予以展蹙變化。然在展蹙之間，不僅未能自「法」的桎梏中掙脫，反形成新法，更加嚴密緊束，字字大小恆常，一如米芾所言，缺乏纖穠之韻味。然法之極也，則生變。於此同時，乃有魯公〈送裴將軍詩〉之楷行草合體，大破唐法；更有張旭懷素，以非常雄豪膽識之狂草，衝破百年法障。

迄晚唐弛亂之世，中唐極盛的書藝光芒不再。書家們在二王、顏柳的風格籠罩下，了無新意。而亞栖、𧯽光等禪師則繼紹旭素，縱狂無方，更有「貴天生而賤習學」之論，全盤否定「法」的價值。當其時，有楊鉅贈諫𧯽光語：「習而無性者，其失也俗，性而無習者，其失也狂。蓋以謂有規矩繩墨者，其習也。至於超逸絕塵處，則非性不可，二者相有以相成，相無以相廢。」誠如東坡所言：「自顏柳沒，筆法衰絕。」山谷稱：「草書法壞於亞栖。」（註二二）至此唐「法」可說已破壞透底。所幸有一失，旋有一得，若非如此將唐法桎梏徹底打散，有宋一朝尚意書風是不可能產生的。而在此晚唐北宋「大破」與「大立」之間，五代的楊凝式無疑是極其重要的人物。

楊凝式身當五代之世，承二王、北海、旭素、顏柳餘緒，更以其穎悟、學養及放逸個性，收拾了晚唐大破壞的殘局，並脫化出自我風貌，影響宋元明清無數書家。其在書史上的重要性，一如傅申所言：「上承顏氏遺風，下開北宋諸家，爲中國書史上的關鍵。」現先將歷代對楊書的評論條列於下（註二三）：

1.蘇東坡：「楊凝式書頗類顏行」「此眞可謂書之豪傑，不爲時世所汨沒者。」

2.米芾：「楊凝式，字景度，書天眞爛漫，縱逸若顏魯公爭座位帖。」「此帖（魯公爭座位帖）在顏，最爲傑思，想其忠義憤發，頓挫鬱屈，意不在字，天眞磬露，在於此書。」

3.黃山谷：「東坡道人少學蘭亭……中歲喜學顏魯公、楊風子書，其合處，不減李北海。」

4.黃山谷：「（楊凝式書）若散僧入聖」。

5.董其昌：「楊凝式少師韮花帖……然欹側取態，故是少師佳處。」

「書家以險絕爲奇，此竅唯魯公、楊少師得之，趙吳興弗解也。」

「宋四大家並從楊少師津逮以造魯公之室。」

「（米芾書）匠心巧思，鑽研晉唐眞跡，奪其神情，不包格轍，故爲獨步，漸可議者，每一下筆，雲花滿眼，不若楊凝式之高古自咨耳。」

「書須參離合二字，楊凝式非不能爲歐虞諸家之體，正爲離以取勢耳。」

「書家妙在能合，神在能離，所以離者，非歐虞褚薛名家伎倆，直要脫去右軍老子習氣，所以難耳。……晉唐以後，惟楊凝式解此竅，趙吳興未夢見。」

「楊少師步虛詞帖……其書騫翥簡淡，一洗唐朝姿媚之習，宋四大家皆出於此。」（騫翥二字，鳳鳥飛翔高舉之神態，引申爲高逸之風格，爲二王之逸韻也，亦北宋諸家之精神源頭。）

「余意倣楊少師書……略得其破方爲圓，削繁爲簡之意。」

6.吳熙載問：「華亭言學少師大仙帖，得其破方爲圓，削繁爲簡之妙，先生嘗是其言，再三尋討，不得其故。」

包世臣答：「香光論書，以此二語為最精……至大仙帖，即今傳新步虛詞，望之如狂草，不辨一字，細心求之，則眞行相參耳。以眞行聯綴成冊，而使人望為狂草，此其破削之神也。」

7.包世臣：「洛陽草勢通分勢，以側謂雄曲作渾，董力蘇資縱奇絕，問津須是到河源。」又註：「東坡、香光俱得力於景度，然東坡謂其雄傑，有顏柳之遺；香光謂其以險絕為奇，破方為圓，削繁成簡，是猶未見結胎入悟處也。」「蓋少師結字善移部位。自二王以至顏柳之舊勢，皆以展蹙變之，故按其點畫如眞行，而相其氣勢則狂草。山谷云：『世人盡學蘭亭面，欲換凡骨無金丹。誰知洛陽楊風子，下筆便到烏絲蘭。』言其變盡蘭亭面目，而獨得神理也。蘭亭神理在似奇反正，若斷還連八字，是以一望宜人，而究其結字序畫之故，則奇怪幻化，不可方物。」

「書至唐季（指晚唐），非詭異即軟媚，軟媚如鄉愿，詭異如素隱；非少師之險絕，無以挽其頹波，眞是由狷入狂，復以狂用狷者。狂狷所為可用，其要歸因不悖於中行也。」

8.劉熙載《藝概》：「學聖教者，致成院體，起自唐吳通微至宋孫崇望、白崇矩，益貽口實。故蘇黃論書，但盛稱顏尚書、楊少師，以見與聖教別異也。其實顏楊於聖教，如禪之翻案於佛之心印，取其明離暗合。院體乃由於死於句下，不能下轉語耳，小禪自縛，豈佛之過哉？」

「楊景度書，機栝出於顏，而加以不衫不履，遂自成家，然學楊者，尤貴筆力足與抗行，不衫不履，其外焉者也。」

「（楊書）非獨勢奇力強，其骨裡謹嚴，直令人無可尋間。」

9.今人傅申：「步虛詞與神仙起居法皆有纖弱之病，夏熱帖體格近顏而筆法生硬粗鄙，雲駛帖鬆弛，韭花帖的氣格，雖然最為清邁脫俗，可是不能代表唐末五代繼承顏眞卿一派的時代風格。諸書中，筆者認為最與顏書相近的，要數台北故宮楊氏跋盧鴻草堂十志圖卷。此跋……上承顏氏遺風，下開北宋諸家，為中國書史上的關鍵作品。」

由以上古來名家評品，證諸楊氏存世書跡，可知楊凝式書中有雄豪如魯公眞書者，有縱逸如魯公行書爭座位帖者；亦有欹側取勢險絕，如李北海者。此楊凝式承唐之後，所必與唐時合處。而景度之能為唐末間之樞紐，則在其「明離暗合」、「由狷入狂，復以狂用狷者，狂狷所為可用，其要歸因不悖於中行也。」的對晚唐狂僧縱野書風之調適。

董其昌稱其「非不能為歐虞諸家之體，正為離以取勢耳。」而山谷稱其「散僧入聖」，劉熙載稱其「不衫不履」，即是他將唐法緊密至極的結體解構，再經他「破方為圓，削繁為簡」、「善移部位」，以其「雄強筆力」．「脫去右軍老子習氣」。經此「拆骨還父，拆肉還母。」始露自身面貌。終自險絕欹側體勢，轉成「蕭散簡淡」、「高古自恣」，超邁晉唐，

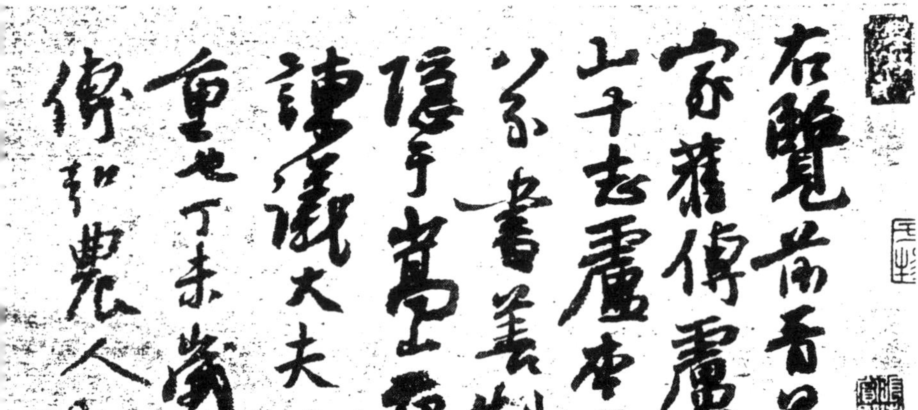

圖肆・七　楊凝式草堂十志跋

直追漢魏之氣格。包世臣謂「東坡、香光猶未見其結胎入悟處」，「問津須是到河源」，此河源即是楊氏透過晉唐之學習而妙悟通入行草之漢分魏眞之源本，故稱「洛陽（指楊凝式）草勢通分勢」。包氏神眼直透千百年，此點是蘇董之所未及者。

八大自始即由董書入，幾至亂眞。其後一生中又不斷搜尋玄宰名跡，於其《畫禪室隨筆》及《容台別集》，應多涉讀。而玄宰受楊氏（韭花帖）影響甚大，故宮迄存其臨本，且其對景度之推重若許，勢必導引入八大窮究其源，深思其故。此期八大受玄宰語論影響之鉅蓋可知矣。

至若楊氏書跡中，何者對八大的開悟最有影響呢？應是具「分勢」的〈盧鴻草堂十志跋〉。誠如傅申所言：「步虛詞與神仙起居法皆有纖弱之病，夏熱帖體格近顏而筆法生硬粗鄙，雲駛帖鬆弛，韭花帖的氣格，雖然最爲清邁脫俗，可是不能代表唐末五代繼承顏眞卿一派的時代風格。諸書中，筆者認爲最與頻書相近的，要數台北故宮楊氏跋盧鴻草堂十志圖卷（圖肆・七）。此跋……上顏氏遺風，下開北宋諸家，爲中國書史上的關鍵作品。」

〈盧鴻草堂十志跋〉之眞僞，聚訟紛紜，筆者無意捲入此中。然問題所在是，歷來學者如莊申先生等，皆以考證「十志圖」爲僞，非盧鴻所繪，兼而否定此跋。管見以爲，本來此圖本就未說是盧鴻所繪，而是××人，根據盧鴻之故事，云其「有草堂一間」、「有十首詠景詩」，遂據以繪成此圖。此圖在北宋時，有李公麟臨本，且莊申言：〈十志圖〉上的題詩近顏柳體，則此圖爲晚唐、五代人所繪，應十分可能，蓋晚唐五代書體受顏柳影響很大。而此圖皴法已極熟，證之晚近出土之遼畫，及五代荊關畫作，皴法亦已極熟，則此圖爲晚唐五代之未具名之人所繪之可能性，實不能予以否認。

其二，莊申認爲：「故宮藏本，即董其昌於京口張秋羽處所見本，上有張覲宸同其子張孝思的圖章，張覲宸號修羽，恐怕就是張秋羽。」可怪的是董氏既「數得寓目」，而楊凝式又是玄宰脫化之宗，玄宰滔滔，眞僞判言，何以一生中未見其言及楊跋？

此些問題已超出本文研究之範圍。筆者二十餘年書學及臨池經歷，上下三千年，略得彷彿；所欲言者，乃自唐至明，即如宋四家之妙，亦無有如此跋章法久蕭散天然，骨力洞徹開張，卻又具渾樸深厚之韻。傳申說得好，此跋有魯公筆意，然猶未能道盡其旨。此跋蓋超越唐賢法度，直入魏晉之質韻，亦包世臣所言：「洛陽草勢通分勢」「問津須是到河源」。此跋既有楊凝式弘農人題款，而唐宋元明間亦找不出一書家有此能者，豈能率爾言僞？若因其與〈韭花帖〉不類而疑之，則更屬淺見，蓋能成爲史上絕無僅有的少數書家，豈是浪得名者，其一生中風格多變乃是必然的。以筆著觀之，〈韭花帖〉下此跋遠矣，讀者多看出土魏晉簡牘之風彩，當有所會。

八大傳世書跡中有盧鴻詩作，係出自〈盧鴻草堂十志圖〉的題畫詩。是則八大應十分可能接觸過此名跡，而深受此圖楊凝式跋文所震撼。而在玄宰書論中再三提及的「離、合」，

「散僧入聖」，「破方爲圓」，「削簡爲繁」等等禪悟誘導下，八大終踏出董氏的門庭，解悟眞行草隸篆，本源同幹而分枝，倘能會通於一意，則可使線質、造形、章法等變幻無窮，一如包世臣所言：「望之如狂草，不辨一字，細心求之，則眞行相參耳。以眞行聯綴成冊，而使人望爲狂草，此其破削之神也。」

茲再就八大此期書風與楊凝式草堂跋文作一比對如下：

一、首先就線條言：楊氏跋文之線條凝厚，有顏書筆意，亦即篆意分韻，此與八大後期書風是吻合的。

二、就字的結構言：此跋自李北海脫出，不以左低右高法來結構字勢，而出以多樣動態的結構方式，不主故常，予以組構，故能有蕭散之致。八大亦是。

三、就章法言：大小字錯落，行與行互侵互讓，出以古淡天真，渾然一體。八大亦然。

綜上所述，就時代背景與書史之流脈來看，八大身當晚明崩亡之亂世，與明末盛行的表現派狂草書風的大破壞時代，和楊凝式所處環境頗爲近似。楊氏在晚唐大破到大立的有宋一朝尚意書風形成前的整合，及作爲宋四家的前導之功，促使其名垂傳千古，光耀史冊。而八大亦在晚明大破到有清碑學之大立間，實亦居於整合之樞機，然卻未能對有清一朝書藝形成先導，僅僅如曇花一現，致三百年來幾無甚知已。其可歎也歟？然亦可喜也歟？蓋三百年後的今天，筆者有幸爲其知音必欲揭顯其書藝之成就，以爲後世者範。

【註釋】

註一　王方宇〈八大山人的語言文字〉，摘自《故宮文物刊》，九六期，一一二頁。

註二　仝右，一一二～一一四頁。

註三　汪世清〈八大山人的家學〉，註十四，《故宮文物月刊》，九六期，八四頁。

註四　仝右。

註五　趙構〈翰墨志〉，摘自《歷代的書法論文集》（上），三四〇頁，華正書局，一九八八年印。

註六　傳〈王羲之〔題衛夫人筆陣圖〕後〉，同右，二四頁。

註七　「質」、「韻」之關係，見筆者第一五二頁之註。

註八　董其昌〈池上篇跋〉，徐利明《董其昌的書法藝術》。

註九　筆者此段實有感而發。今人中有將文董書作推爲元明以來之冠軍，亦有將清中以前所謂帖派諸家，如梁巘、梁同書、翁方綱、王文治等人，與揚州八怪之板橋、金農、黄愼，以及所謂的「碑派」（註一〇）之完白、墨卿等人，在書史上等量齊觀，此俗人之見也。余每於講演時屢謂：「藝術史之研究本具比較、批判之性質，故高下、品第之分自所難免。然如何有一較具客觀性的品評呢？研究者當置身於史的全貌，即就書法言，應自書契始造之前到一劃之始現，而後商周秦漢一路三、四千年下來，有一同情的理解與開闊的視野，庶能免於太過主觀化的論斷。則我們將知，三代迄秦漢、魏晉、唐宋時，書藝的原生之質俱存，歷代雖經虎變豹變，總能文質彬彬，融化無間。唯元明兩代質衰文繁，孔子曰：「文勝質則史」。牟宗三先生釋之：「『史』，即是遵守成套而易成爲虛文也。」（註一一）自松雪標榜復古主義，文董繼之於後，其實未復及古也，彼等只以二王爲歸宗，此中古耳。二王之始源——商周秦漢茫不可知，猶種枝於土，難生根也，而其失可知矣（註一二）。又就藝術史觀之，唯有極具突破性、開創性、原生性的超越前人風格之表現者，才能在歷史洪流的刷沖下，不僅未倒而反漸顯其精金玉質。是則晚明諸子如王覺斯、傅青主、倪、黃、八大，以迄清之板橋、冬心、完白、墨卿等，自非因襲二王的所謂帖派諸家可比了。

註一〇　余所以稱「所謂」的帖派、碑派，即因筆者對碑帖之分並不以爲然。其得者，固使有清一代碑學特盛，造成「尚質」（對明尚態尚文書風的反動）的書風。其失，則更拉開篆隸與楷行草之裂隙。是明清之際由傅山、八大等人所開展出的五體筆意合融的書風，如曇花一現，甚可惜也。然此亦藝術史自身規律的吊詭，非人力所能抗拒者，詳見本論文第柒章。

註一一　牟宗三〈全國文化會議書面講辭〉，聯合副刊，一九九〇年十一月八日，該段如下：「孔子說：『質勝文則野，文勝質則史。文質彬彬，然後君子。』（《論語・雍也》

第六）。文質兩原則不但客觀地應用于歷史文化之發展，且亦主觀地應用于個人人品之格調。這種就藏有康德所說的「較高文化與樸實無華的自然之價值間的中道」。「文質彬彬」就是中道。這中道中也藏有審美品味之眞正的標準。

「質勝文則野」容易理解。但「文勝質則史」，「史」字不容易理解。「史」即「史官」之史。「周禮」說史官有兩個本質的作用，即一方面是「舉官書以贊治」，另一方面是「正歲年以敘事」。故朱子注云：「史掌文書，多聞習事，而誠或不足。」此即就「掌官書以贊治」方面說。至于「正歲年以敘事」，此則「治曆明時」，中含天文、律、曆、數之科學知識，亦即史官所以又名天官之故。故我亦曾說義和之官（即天官）代表中國的科學傳說。這且不論。史官掌官書，故文獻知識豐富，成規成矩知道的很多。然而容易流于形式主義，故曰「文勝質則史。」「史」即是遵守成套而易成爲虛文也。

「史」字之病，莊子表達得最好。田子方篇載溫白雪子謂：「中國之君子明乎禮義而陋于知人心」。其「進退一成規，一成矩；從容一若龍，一若虎。其諫我也似子，其道我也似父。」溫白雪子，楚人，中國之君子指鄒魯之士言。此言鄒魯之士、縉紳先生，凡有言行皆有成規成矩，而其實皆浮文也。此即「文勝質則史」之諦解。「明乎禮義而陋于知人心」即于禮義方面有許多空講究，而于人心自由自在之自然之道則淺陋無聞，毫無所知。此自是道家之立場。

註一二　佘以「種枝於土，難生根也」爲譬喻，乃保留萬分之一的可能性，或許有不學而能者，就如植物界中有插枝可生根一般。

註一三　韻者，質所生也。質不厚其韻也不實，此未易與人語也。然若於北碑鄭道昭，南碑瘞鶴銘中求，便可知魏晉之韻了。此韻自二王小字中，難能夢見，而八大獨能洞見，是以其大字蘭亭能與鶴銘精神相通。

註一四　姚夢谷〈八大山人的志節與書風〉，錄自《八大石濤書畫集》，五十六～五十八頁，歷史博物館印行，一九八四年初版。

註一五　劉熙載《藝概》，一八五頁，載：「漢隸既當小篆之八分書，是小篆亦大篆之八分書；正書亦漢隸之八分書也。」金楓出版有限公司，一九八六年初版。

註一六　仝註一五，二〇〇頁。

註一七　米芾〈海嶽名言〉，錄自《歷代書法論文選》，華正書局。

註一八　仝註一五，二〇五頁。

註一九　徐利明〈李北海與八大山人的書法〉，《書譜》六十八期，二十～二五頁。

註二〇　佘城〈唐代書壇奇傑李邕和他的書法藝術〉。

註二一　唐朝書家大致上草不兼行，行不兼楷。然太宗文皇與李北海、顏魯公皆有三者同參之作，或許是受了懷仁集王義之三體書於一篇章的「誤打誤撞」，又回到漢魏本源中一事所啓發。此集三者於一書之作，可增加造形、章法等變化空間。（見圖肆・八）

註二二　黃緯中〈楊凝式書風之所究〉。

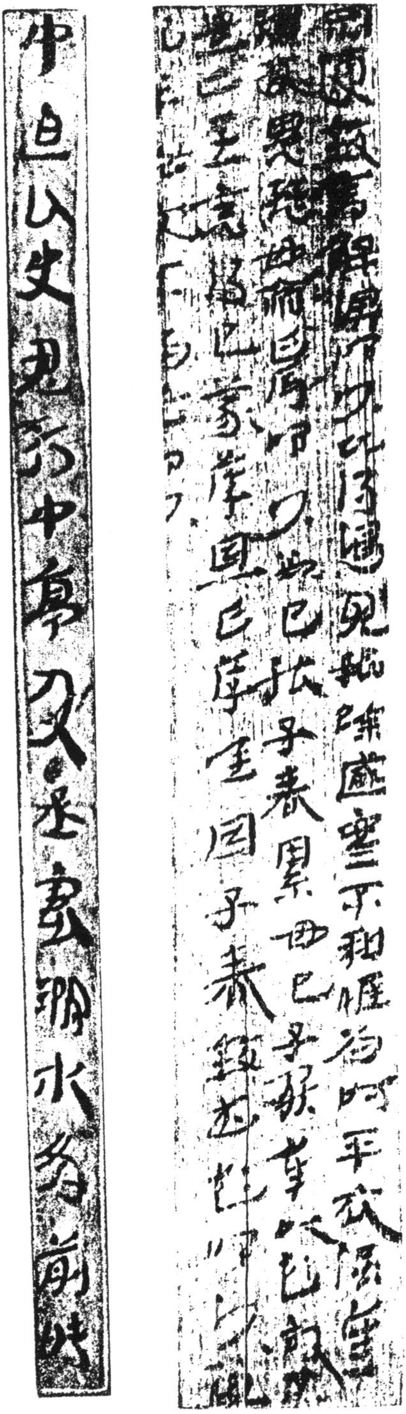

圖肆・八　漢簡楷（隸）、行、草、同參之作

第五章　書藝本質與審美範疇

第一節　書藝本質的探索

現象學（註一）創始人胡塞爾（註二）主張：「爲使哲學恢復希臘以前那種高蹈的『嚴格之學』，就須躍入超驗的『本質之學』的範圍。」（註三）「爲使人類重新恢復損壞扭曲了的、看知能力」（註四），「必須對人類的認知過程作一番檢討」（註五）。因此他提出了現象學的方法論：「存而不論法」、「本質還原法」、「現象學的描述法」。即用笛卡兒式的懷疑方法，對研究對象進行普遍嚴格地存疑，而產生一種過濾與還原的作用，以「回歸到對研究對象直接的直觀、最原初的根源中。」（註六）在探得根源之後，再將原先所「存而不論」的部份，攝入研探的範圍內，積極地以「現象學的描述法」，將經驗中所能呈顯出來的事物，亦即將所研究的對象特質呈顯出來。這樣就避免「形上學家所謂究現象背後潛存的本體，是任意的對直接在經驗中呈顯出來的現象，套加不能於經驗中呈現出的『內層、底層結構』」。

書藝本質的探索，基本上亦是一「本質之學」。故爲使書藝成一嚴格之學，現象學的方法論，適時提供給我們，得以對書藝的認知過程重新檢討，以恢復歷經千餘年來被扭曲損壞了的，對書藝的看、知能力。因此本章乃依現象學方法論，企圖尋索書藝最初始的根源；亦即以現象學的方法，將商周迄八大止之書藝，先存而不論，另借符號論、抽象論學者的論述，證得書藝本質的還原，再順源而下，將原先存而不論的商周以下部份納入，以探得八大書藝的特質。

西方抽象主義美學家渥林格（W. WORRINGER）提出人類原生的「抽象衝動」，與卡西爾、蘇珊．朗格（註七）等人提出的符號論美學，在探索藝術抽象性的根源，與書藝本質的探究相當契合。作中國書藝的材料——文字，其生成原則「六書」中，只有「象形」可等同於渥林格所謂的「移情式」的物象「摹仿」、「寫實」（事實上，象形本身亦隨文之演變，到了商周間也趨於純抽象符號了）；其他五種原則：指事、會意、形聲、轉注、假借，在初民造字之始，便已根於人類原生的「抽象衝動」之本能，將宇宙現象中，可意會的、無形的、不可捉摸到的「音」、「色」、「情感」等，藉抽象的文字符號來傳達溝通。在本質上和彼等所謂之「抽象」、「符號」是可互通的。

卡西爾認爲「人類是進行符號活動的動物」，「符號表現是人類意識的基本功能」、「一切人類的文化現象和精神活動，如語言、神話、藝術和科學，都是在運用符號的方式來表達人類的種種經驗。」(註八)朗格跟著指出：「藝術就是將人類情感(乃指廣義的情感，即內在生命)呈現出來，把人類情感變爲可見或可聽的形式的一種符號手段。」(註九)

從卡西爾與朗格所言，可理解爲：人類的種種經驗——亦即情感、概念或意蘊等等是無形的，且瞬即消失的，必須藉符號來「固存」，以成一永恆的「生命形式」。前者遂構成藝術哲學所稱的「內容」或「內蘊」，而「符號」即爲「形式」。此種認識乃替西漢揚雄的「書者，心畫」做一註腳，書者之內在情感，藉書藝中符號性的線條與結構予以固化，使成一「永恆的」、「有意味」的「生命形式」。簡而言之，書藝的本質就是「書者的內在生命」。

第二節　生命形式的生成

當我們運用卡西爾、朗格、渥林格等人的論證，進行了書藝的「本質」還原，接下來便要「如實地描述」、「內在生命」與「生命形式」，並進而推展出二者之間的關係。

壹、內在生命

「內在生命」即朗格所言之「情感」，是廣義的詞語。不同於所謂「寫實繪畫」或「移情的摹仿」(渥林格語)，在反映現實生活中，實存客觀事物之「物象」。書藝反映的是書家本人自現實生活中的種種主、客觀事物，所積澱、昇華、或交織、融合的情感，是書家一生中不斷消化物象之後，所產生的渾沌、抽象化之「意」的反映。亦即渥林格所認爲的「制約所有藝術現象的最根本和最內在的要素，就是人所具有的『藝術意志』，它是所有藝術現象中最深層，最內在的本質。」「『藝術意志』來自人的日常應世觀物所形成世界態度，即來自於人面對世界所形成的心理態度、印象、感受等等。」（註十）這未成象之「意」，乃主體內心經驗的複合體，它包含感覺、思維、性格、氣質、意志、情緒等等，且彼此先後進行交叉、滲透、融化、甚或矛盾、排斥。ROBERT MAGLIOLA云：「我們所謂的作者的特徵，其實即是『經驗樣態』（experiential patterns）全體。而所謂『經驗樣態』，乃是被複製於文學作品中之作者生活世界的特徵。『經驗樣態』並非各種的經驗，而是在作品表層語言下，給予作品有機的統一性之經驗的『樣態』……這種統一性不是單純的，而是辨證的，正如生活世界的統一性一樣。」（註一一）

貳、生命形式

所謂「生命形式」，朗格認爲至少它有下列特徵（註一二）：

一、有機統一性：

有機統一性是說，生命體的每一部分都是極爲緊密地聯繫著，這種聯繫絕非混雜，簡單排列，而是以某種難以說明的內在複雜性、嚴格性和深奧性結合在一起：每種因素都依賴著其他因素，每一種因素都不能脫離整體。第一層意思是說藝術品是作為一個整體呈現在人們面前的，其中每一個成分都不能離開整體，離開整體的成分必將失去意義。相反，從整體中去掉某一部分，比如從繪畫中去掉線條，從音樂中抽去節奏，雕塑中忽略光線，詩歌中放棄韻律等等，藝術都將遭到破壞。另一層意思是說，藝術的內在結構呈現出一種有機形式，各構成要素之間，如一定的風格與一定的材料選擇；一定的情節內容與一定的音韻、節奏的安排；一定的旋律與一定的和聲配器等等，都有一種神聖的契合，這種契合不可侵犯，也不能隨意更換，就像一個生命體中的組織有排異性，違背了這種契合，生命形式便被打破，情感的表現便趨於消失。

二、運動性：

生命體不斷地消耗不斷地吸收，細胞和生命組織都處於不斷死亡和再生的過程中，整個生命體都呈現一種永不停息的運動。由於虛空的創造，藝術品所描繪的事物與自然脫離，人們觀賞藝術品時，就會產生運動幻覺，靜止的東西在直覺與想像的作用下，成為運動的東西。整個藝術品中該動的則動，該靜的則靜，該快的則快，該慢的則慢，無處不呈露出一種生機，無處不與人的生命合拍。「這個形式隨時可按需要變成一個表現持久性和變化性之間辯證關係的形象，即呈現生命活動的典型特徵的形象。」

三、節奏性：

這一特徵對於藝術有著極為重要的意義，它是靜態藝術表現運動的基礎。生命是有節奏的，最明顯的節奏活動是呼吸和心臟跳動。在人類生命活動的全部過程中，還有著更多精細的、複雜的節奏活動，只不過不為我們的感覺所察覺。一個生命現象所以能夠持續不斷地存在和發展，所在於它按照各種方式的節奏，有條不紊地進行著生命交換。

朗格認為藝術也具備著節奏的模式。在動態的藝術方面，音樂、舞蹈中的節拍，詩中的詩行與韻律，戲刻中情節展開的速度、情感變人的落差等等。所謂節奏是一種連續事件的機能性，是一種經歷了開頭和結尾的變化過程。「節奏的本質是緊隨著前事件完成，後事件的準備……節奏是前過程轉化而來的，新的緊張之建立。「它們根本不需要均勻的時間。但是其產生新轉折點的位置，必能是前過程的結尾中固有的。」朗格的這一更正，把節奏與機能而非時間聯繫起來，這就為對靜止藝術中確實存在的節奏現象，進行嚴格說明做了理論準備。人們因此不難理解，在靜態藝術中行家們所說的節奏並非比喻，他們是在準備地說明著線條的斷續、筆觸的行止、色彩的落差、質料的粗細、布局形態的緩和與尖利。各類藝術都存在著可塑造的節奏因素。

四、生長性：

生命形式的第四個特徵是生長性。這是說每一個生命體都有著自己生長、發展和消亡的規律。藝術作品中同樣可以包含這樣一種形式。在音樂中，呈現、展開、重複、加強無時不強烈地反應出生命的這一特徵。戲劇中的衝突，由發展、展開、激化直至最後解決，形象地體現著這樣一種規律。在靜態藝術中，生長性特徵表現爲一種心理效果。由於運動與線性形式在邏輯上的一致，所以可以互爲符號。這是一種在非推理層次上的機能，很早就爲人察覺。因此，在線條連續、支承圖形並給它以方向性的地方，人們就感覺其充滿了動勢。換言之，這些實際的靜止的永恆形式，卻表現出一種永不停息的變化或持續不斷的進程。靜態藝術中的「運動」不是一種位移，而是憑借各種方式都可令人察覺或想像的變化，所以藝術中具有方向性的運動就表現出生命形式的生長性特徵。

說明了朗格關於「生命形式」的四項特徵之後，我們以之檢證書藝，可以說完全符合此四種條件。至此，生命形式的全部特徵都在書藝形式之中找到了，這就說明書藝形式與生命形式有著相類似的邏輯形式。更明確地說，書藝形式存在著與生命形式具有相同結構的可能性。按照格式塔心理學原則，當外部事物所體現的力的式樣，與某種人類情感中包含的力的樣式同構時，我們便感覺它具有了人類情感。朗格也正是這樣說明的：「藝術形式與我們的感覺、理智和情感生活所具有的動態形式是同樣的形式……因此，藝術品也就是情感的形式，或是能夠將內在情感系統地呈現出來，以供我們認識的形式。」

由上所述，確證了兩點：

㈠書藝之本質爲書家的「內在生命」。

㈡書藝的形式確爲「生命的形式」。

然則，書家潛存無形的「內在生命」，如何發展成有形具現的「生命形式」呢？作爲嚴格之學的探討，我們必須繼續論析之。

羅曼·殷格頓（ROMAN INGARDEN）（註一三）主張：「藝術作品是由藝術家的特定創作活動所產生，所作品是以某種具目的性的方式去加以塑造……作品也是『行爲活動』的產品，在這個活動裡，『有意識的意向性經驗，扮演了基本而主要的角色』。」（註一四）

前面論及古人以一「意」字，統攝書家內在複雜萬方的生命世界。而在現象學中，胡塞爾所提出的「意識」是有意向性的，具「主體能動性」的「投射能力」（註一五）。而意識流，爲一串串意識刹那所構成，即「意」本身，「是一種時間性的存在，具有變動不居的特性，故而在意識流中出現的，是一系列互不雷同的意識內容、意識刹那串，同時往橫的方面看，則意識流同時架構出事物。」（註一六）故而書家的「內在生命」轉換爲「生命形式」乃自明了，是「意」投射向對象——文字，藉工具（筆紙墨）做時間性的，互不雷同的意識內容的線條，並且往橫向同時組構出空間性的形式。此「自明性」也完成了胡塞爾所要求的嚴格之學的根本特質。經過以上論證，對於書藝本質之探索，可說已告完全。而書藝之形式乃同時具備了「時間」與「空間」之雙重特性。

第三節　從生命形式到審美範疇

上一節提到「意」的內涵包括感覺、思維、性格、氣質、意志、理想、情緒等等，且彼此先後地進行交叉、滲透、融合、甚或矛盾、排斥。我們可將這些無形的內涵大致上化約成三種樣態：

一、書家當下內在生命的「起伏內象」。

二、書家在生命進程中積蘊的「學養」。

三、書家原存恆有的「自性」。

這三種樣態的「意」之投射，是辯證的，複雜的，交互影響的，然卻具有機統一性。而不同書者的生命世界之不同，或同一書作時間之不同，遂產生不同風貌之形式。此呈顯出書者之特殊性，亦是「自我」的呈顯。

如果只是「自我」的表現，那麼書作僅限於自我產生、自我理解、自我欣賞，則三千年來之書藝又如何與「他我」溝通會賞呢？此亦不得不詳加究底。

西方近代音樂家荀伯格稱：「一件藝術品，只有它把作者內心中激蕩的感情傳達給聽眾的時候，它才能產生最大的效果，才能由此引起聽（觀）眾內心情感的激蕩。」「事實上，藝術家所努力追求的，只有一個最大的目標，就是表現自己。」（註一七）

席勒：「藝術有映象生命的能力」，「只有把生命和形式統一起來，形成一種活的形象，一種生命形式，藝術才會有強烈的感染力。」

由於朗格對藝術本質的理解，乃深刻地對荀伯格與席勒提出質疑：「純粹的自我表現不需要藝術形式。」（註一八）「藝術表現的是一種藝術家所認識到的人類普遍情感」（註一九）。而巴恩斯稱：「我們如何才能捕捉、佔有和把握情感，從而使情感的內容不必用概念方式便可理解，用一種普遍形式便可呈現呢？答案是，可以通過創造某種客觀對象來達到上述目的，這客觀的對象就是術品，而創作藝術品的活動，就是藝術。」（註二〇）

因此，純粹自我表現仍不足以稱爲藝術。書藝之所以爲藝術，必須是此種「自我表現」能合乎普遍的人類情感者，才是書藝的「生命形式」。而「普遍人類情感」，也就是康德（KANT）在《判斷力批判》中所說的「共通感」（common sense）。（註二一）

由是，我們得以確定：書藝應爲書家主體的內在生命，客體化爲具客觀性的普遍形式，並要通過人類普遍的共同美感之審驗。而此種客觀的判準，亦即數千年來先人積累的審美範疇。（註二二）

【註釋】

註　一　胡塞爾現象學的主要概念如下：

1.現象學的結構：

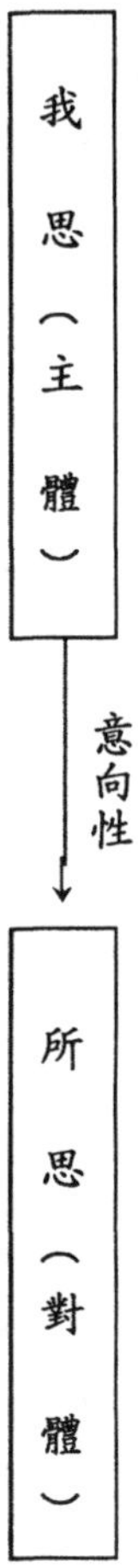

我思（主體）

↓ 意向性

所思（對體）

2.現象學的目的：描寫意向性經驗的本質。

3.意識：我們直覺地面對內心活的行爲。

意向性：爲意識的特性。每一意識皆有一對象，並以某種方式指向對象。

4.現象學的方法：其中擱置法（中止判斷）指意識的純粹化，即把客觀世界所有的知識、價值觀、信仰完全拋棄、走入純粹內驗的世界，所面對的只有「我」和「對象」。

5.現象：擱置之後，出現在意識中的東西，即是現象，也就是意識的對象。因此意識活動即是描寫現象一連串的活動，活動之後得到的體驗，稱爲事物之本質。

6.意識的活動不斷地在流動不居的時間中發生變化，而形成意識流，因此不斷產生出不同的意義。

註二　胡塞爾（E. HUSSERL）近代西方哲學家，爲現象學的創始者。

註　三　蔡美麗著《胡塞爾》，三三頁，東大圖書公司。

註　四　仝右，六〇頁。

註　五　仝右，三九頁。

註　六　仝右，五九頁。

註　七　卡西爾（ERNST CASSIRER）、蘇珊・朗格（SUSANNE K. LANGER），符號論美學家。

註　八　蘇珊・朗格《情感與形式》，劉大基譯，三頁，商鼎文化出版社，一九九一年初版。

註　九　仝右，八頁。

註一〇　渥林格《抽象與移情》，魏雅婷譯，一四頁，亞大圖書出版社，一九九二年初版。

註一一　ROBERT MAGLIOLA著，李正治譯〈蠡斯翼上之釉——現象學的批評〉，選自張雙英、黃景進主編《當代文學理論》，一七五頁合森文化事業有限公司出版，一九九一年。

註一二　仝註八，二四頁。

註一三　羅曼・殷格頓（ROMAN INGARDEN）：當代波蘭著名現象學美學家。

註一四　羅曼・殷格頓著〈現象學美學——試界定其範圍〉，廖炳惠譯，摘自鄭樹森編《現象學與文學批評》，五三頁，東大圖書公司，一九八四年印。

註一五　仝註三，六三～七七頁。

註一六　仝右，七九～九二頁。

註一七　仝註八，九頁。

註一八　仝右，九頁。

註一九　仝右，一〇頁。

註二〇　仝右，一〇頁。

註二一　康德《判斷力批判》七十六頁宗白華譯，滄浪出版社，一九八六年印行。

註二二　有關審美範疇諸定義，所涉甚廣，筆者將另爲文申論。

第六章　八大書藝的超越

第一節　精神主體與藝術形式客體之融一

在書家「內在生命」與「生命形式」的傳轉過程中，是否會有落差呢？此落差又如何解決？而生命的進程是向前的，內在生命與外在形式二者如何深化超越呢？

蘇東坡曰：「夫既心識其所以然而不能然者，內外不一，心手不相應，不學之過也。」「有道而不藝，則物雖形於心，不形於手。」（註一）

「學」與「養」爲解決此落差與深化超越的第一階之不二法門。首先，書家須學習掌控工具的能力，必欲使能將生命起伏之內象，若命符節地透過工具的運作，如實地呈現出節奏性的強弱起伏，與具張力動勢的線條來。

其次，書家須透過學習古來諸家的體勢，以明結構、造形的內在法則，並透過智性的理解，培養出對線形、線性及造形的審美感知，並據以爲創作之基礎。此種積學乃漸悟之功夫，要在積累達到一定程度，因緣湊合之下，才能「如桶脫底」般地顯出主體化自由的智慧閃光，沖垮客體化意識推理的框限，此頓悟也（註二）。

由學養而至「技熟」，再經「心齋」、「坐忘」、「喪我」的功夫，在「心手相忘」，「手不知筆，筆不知手」之下，正如海德格所言：「賦詩（即指藝術創作），使人全神凝注於人存有的根基。」（註三）人在藝術行爲時，唯有忘了「我」的存在，「存有」自身才能彰顯，藝術的精靈（即存有自身，即道）與主體之「意」冥合，此落差方能泯除。對八大而言，一生的學養殆無可置疑，因此，我們可相信彼之落差當幾乎其微了。

至於八大如何使其生命與形式二者深化超越呢？此第二階涉及「功」與「性」之辯證。王夫之云：「有功無性，神彩不彰，有性無功，神彩不實。」八大在這問題上，開展兩條進路：

其一、爲由技入道的積累功夫。

其二、爲性脩反德的明性功夫。

八大承其家學，早期「不知然而然」地在王室傳統下臨習了初唐書體，翩翩然又逼似董玄宰，復因師法沈周畫而醉心於山谷與王寵體勢，最後上溯周秦兩漢晉唐宋，終於在臨習傳統的功夫積累整合下，認識了書藝的本質，揭露了線條與生命律動合和的密旨。此種「爲學日增」的積功，正是「爲道日損」的成道所必經之路。正如董其昌的禪悟：「哪吒拆骨還父，拆肉還母，若別無骨肉，說甚虛空粉碎，始露全身。」八大終於在認識傳統下，與傳統拉開了距離，最後「離」了各家之法，而露現自家骨肉風貌，此其進路之一。

其進路之二，誠如姚夢谷先生所云：「八大幼讀儒書，基礎堅實。明亡後，出家修內典，後來又轉而學道，研老莊之學。在思想上，他貫通了儒釋道三家，為其立身處世，乃至涵詠藝術的大本。就儒家言有，他有堅強的民族意識，嚴守節操，不作貳臣。就佛家思想言，他習靜觀空，了悟生死。就道家思想言，他必然體悟到無為而無不為。」（註四）此即明白道出八大明性存養的歷程，而晚年終以道家為歸宿。《莊子．天地》：「泰初有無：無有、無名。一之所起，有一而未形。物得以生，謂之德；未形者有分，且然無閒，謂之命；留動而生物，物成生理，謂之形；形體保神，各有儀則，謂之性。性脩反，德至同於初。」八大的精神實趨於脩性反德，幾與無窮可能之道同化。故八大書藝的主體精神內涵，實為此渾全自性之圓滿。其書藝所呈顯之神彩，亦即此性虛生白，吉祥止止，葆光自在之顯明。

此一條進路之化合，其「質」也「眞」，其「性」也「明」，終使八大藝事主客體得以統一，而超越元明，上與晉未爭輝。

第二節　八大書藝的特徵——形式與審美範疇之辨證

書藝形式，不外線條、造形、結構與章法。本節將探討八大所表現的書藝形式，與神韻、質文、氣勢等等審美範疇間的關係。

一、線條：

書藝線條的形與質（線形與線性），係由不同筆法之運作而呈萬端之變化。而三代篆籀線條，乃書藝線條之本源。其筆法即所謂「中鋒」用筆。筆鋒中正，力道匀均，不偏不倚，如錐劃沙般貫透線條。如筆力提斂，墨即向中心線集中，而呈內斂之線條——。如筆力舖縱，墨即由中心線向兩邊散溢，而呈外拓之線條——。在物理上或視覺上，此種筆法，較諸其他偏側筆法，更能呈現出力度與深厚感。簡言之，此種「篆意」的線條具如下之屬性：

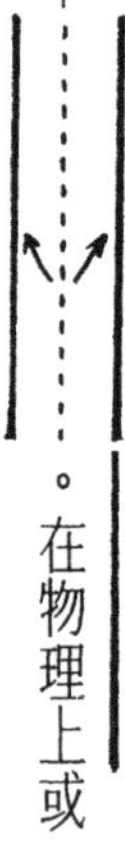

㈠先存性：即先於秦漢以後所產生的不同形質之線條。於審美意象中，它反映出「古」的意味

㈡根源性：即它是隸楷行草眾體，以及點線八法眾劃之本源，此即具「質」之意味。

㈢蓄幾性：即「動而無動，靜而無靜」（周敦頤《通書》言，太極含動靜之理。），是一切動態線條之太始，含未發之生命力。此就審美意象言，可稱「生」、「樸」。

㈣深厚性：此線性具深厚之力度，於審美意象言，或可謂「厚」、「渾」。

此種根源性、本質性的線條，在歷經秦漢晉的發展，筆法日趨繁複。然一切變化就書藝言，乃爲豐富美飾這本質性的線條。亦即在本質性的線條，仍存保著其質情況下，「文」化它，而呈或質過於文則野，或文過於質則史，或文質彬彬的線條。故孫過庭曰：「古質而今妍。夫質以代興，妍因俗易，雖書契之作，適以記言，而淳醨一遷，質文三變，馳騖沿革，物理常然。貴能古不乖時，今不同弊。所謂『文質彬彬，然後君子』。何必易雕宮於穴處，反玉輅於椎輪？」（註五）此乃對這「文」化現象的認許。

而自秦漢魏晉唐宋以還諸大家中，基本上皆在質的存有條件下文（美）化他們的線條表現，而由內在的質外顯出韻來。就連宋高宗都言：「士人作字，有眞行草隸篆五體，往往篆隸各成一家，眞行草自成一家者，以筆意本不同，每拘於點畫，無放意自得之跡，故別爲戶牖。若通其變，則五者皆在筆端，了無閡塞，惟在得其道而已，非風神穎悟，力學不倦，至有筆塚研山者，似未語此。」（註六）元明諸家則不然，彼等雖從魏晉唐宋諸大家中學，形似易得，深質難尋，即使是松雪文董終歸外飾其彩，內迷其性，空具妍形，殊乏韻質。唯獨八大在那明清之交，因緣際合，通貫今古，洞徹本源；以篆意純質性的筆法建構其書體，復潤之以豐厚學養，所散發出來的清明之韻（註七），終使其書風高度地具現審美範疇中的「古」、「質」、「渾」、「樸」、「韻」、「秀」等等，集眾美於一身。

故李苦禪言：「八大山人的書法，博采眾美，得益於鍾繇、王羲之父子及孫過庭、顏眞卿而又能獨標一格，即以他用篆書的中鋒用筆和瘞鶴銘古樸的風韻所摹王羲之蘭亭帖而言，

其點畫的流美及其清新疏落，挺秀、遒功的風神，直可睥睨晉唐、廁身書法大師之列。」（註八）

二、造形與結構

隋唐以來，書學多重用筆與結構之法，遂使形體殊少異趣。五代、北宋脫略法障，用筆結構天眞爛漫，遂博「尙意」書風之美名。然在這一收一放之中，書家者流似對空間的「造形」，未予深究。唯八大洞徹「造形」在書藝表現上具無限的可能，此種對「造形」的認識與開展，就八大書藝言，實亦一超越的成就。而促成他對「造形」的理解，應有二因：

㈠受三代篆籀字體的造形奇趣所啓發：

元明以來以至有清一朝所謂的帖派書家，由於審美意識長期在二王流美書風的宰制下，對漢魏以上三代以下之金石文字，多視之粗鄙可憎。而如本文第參章所言，獨傳青主能欣賞而作詩頌贊曰：「饕餮『蚩尤婉轉歌，顚三倒四眼橫波。兒童不解霜翁語，書到先秦吊詭多。」「篆籀龍蝌費守靈，三元八會妙先形。一庵去卓無人境，老至才知不識丁。」

八大因篆刻而研究文字學，更進而臨習石鼓文、禹王碑，對篆籀古文字的特殊造形美感多所領會。我們在他的篆刻作品中，便可看到他運用篆籀所表現出的形象美。而八大同傅山一樣，常在一字中冠上古文字的偏旁或部首，此種創意的作法，無非是使章法的表現具有更多可能性，亦是爲了產生「奇」、「趣」的造形特色。

(二)從繪畫的造形經驗而來的感通：

考諸史實，上古時期應是書畫同源，而後各自以不同的材料與形式表現；書法文字爲素材，繪畫以人物山水走獸等等自然世界中的對象爲材料而分異。南宋以迄元朝，繪畫中的寫實題材，漸漸地被具書法特性的線條予以抽象變形，於是書畫再度回歸緊密的結合。是以趙孟頫云：「石如飛白木如籀，寫竹還應八法通。若也有人能會此。須知書畫本來同。」（註九）

更進一步說，南宋有元以來，文人繪畫所呈現的是「線條」的美感，與「空間虛實」的對比及「造形」的趣味。其在畫面上呈現的點、線、面的有機組合，正與書法之佈白如出一轍。李苦禪云：「八大卓越的造型能力……筆簡意密，構圖精審，足徵其神思極清醒，態度極嚴肅。」「在冷逸中蘊含奔突的熱情。」（註一〇）其於書法「形」的體會，實與畫同；並不孤，亦不冷。他在古人所不曾著意處，匠心獨運，精審細構，務必使每一字，甚或整篇章的點、線、面有機地組構或變形（如圖陸．十三）。而此中蘊含著他潛存的奔突熱情、奇古漓淋的審美意識，其所造的形遂多「奇」、「趣」，而「奇」、「趣」卻又是藝術創作得以感人、吸引人的二大因素。

「勢」字，自古即是書藝的重要審美範疇。較早在東漢時，蔡邕便有〈九勢〉之說：「夫書肇於自然，自然既立，陰陽生焉；陰陽既生，形勢出焉。」（註一一）此陰陽者，虛實也，八大對字的「造形」，受繪畫的造形與章法影響很大。圖中「胛」與「帶」之草體，在他的變形下，有如左邊的〔荷花鴨石圖〕上的荷花造形與邊角法的布局。

圖陸・十三

疏密也，長短也，輕重也，有此種對比性的產生，才造成勢的強弱。其後衛恆有〈四體書勢〉，其於草書勢云：「方不中矩，圓不副規，抑左揚右，兀若竦崎，獸跂鳥跱，志在飛移，狡兔暴駭，將奔未馳；或黝黖䵴䵹，狀似連珠，絕而不離，畜怒怫鬱，放逸生奇。或凌邃惴慄，若據高臨危，旁點邪附，似蜩螗挶枝。絕筆收勢，餘綖糾結……」（註一二）而梁武帝言：「王羲之字勢雄逸，如龍跳天門，虎臥鳳闕。」（註一三）故「勢」字實為書藝必須呈現的一種動態。那麼，八大山人又是如何去表現呢？答案是：線條透過結構來造形。形既成則勢自生，故康有為謂：「蓋書，形學也，有形則有勢。」（註一四）

為達造勢目的，八大乃對結構別具心思，約略而言，可分為以下幾項法則：

(一)上疏下密法
(二)上密下疏法
(三)上寬下狹法
(四)左疏右密法
(五)左密右疏法
(六)上密中疏下緊法
(七)上疏中緊下開法
(八)上左下右傾危法

㈨計白當黑法

爲配合章法的需要，並不時作有機的調適。在一字內有時用上二至三種結構法，有時兩三個字合併運用幾項結構法，茲舉例如下：

1.「采」：上闊下狹的組合，使產生如孤鶴獨立之姿。

2.「藥」：此字被分成四部份處理。最上層疏，第二層密，第三層又疏。然後在第三層又作左疏右密的佈白。最底層在緊密之下，又作左密右疏以完成其動態之平衡。

3.「遇」：上疏、中密、下開，同時切割出四個不等的對比空間。

4.「胛」：將「月」和「甲」的上部緊密並排，然後豎劃往右下方作斜勢的延伸。「帶」字亦然。

5.「畫」：上方緊密一小圈，中間空闊，下方又再緊密。同時又將左邊整個緊密到重疊。眞所謂「空處可令走馬，密處不使透風。」

左右
崇山
會敍
勢
壽畫
盤醫
黃實

「畫」字又與下一字藉字間之空白，完成其疏密的連續節奏性對比。此正是「計白當黑」的手法。

6.「左右」：「左」字作狹長造形，「右」字則將「ナ」靠緊，再拉出一個大的「口」字使「右」字成方形，以與「左」之狹長形作對比。而「左」字之佈白較小，又與「右」字中的大「口」作一強烈對比。

7.「崇山」：八大故意將「山」寫在「宗」下，使一小「山」字承接萬鈞的「宗」字，此種以小搏大的抗衡，正足以表現出力感。而因「山」之下移且作小字，與第二個「山」字遂不衝突，此犯險也。

8.會、壽、畫、醫、盤、實、黃等字，俱作上部左移，下部右靠的安排。

9.「敍」：左邊「余」字寫得特別狹緊，而右邊「攴」則予寬大之空間，使成強烈之對比。

10.「勢」：「勢」上部筆畫甚多，而八大卻將之緊密結合，再予「力」以極大的空間，使呈誇張的疏密對比。

八大為何要如此刻意地誇大虛實、長短、疏密、寬窄的對比變化呢？劉延濤曾說：「宇宙間一切動態，皆是力學；如此起者，不如此應，便會倒下去……力學必有重心，重心一偏，便站立不穩。」（註一五）就書藝來說，古隸篆的原始性質就是一種較靜態的平衡，所以佈白要求左右上下比較對稱均衡。而楷行草則是動態的，既是動態，便得符合力學的原理；小動則佈白便稍起變化，而略有大小不均的現象。當其大動時，則重心必然隨動作之大小而移動，佈白乃呈更強烈的小大對比。故八大為表現出雄渾的氣勢，便得藉誇大佈白的疏密變化來達成此目的。「誇張」，是藝術表現的一種重要手法，用現代術語來說，便是「戲劇張力」。目的在增強節奏進行的落差，以使人感動驚悸。此其一也。

其二，孫過庭狀草書曰：「如絕岸頹峰之勢」、「奔雷墜石之奇」，八大又如何在造形上產生此種勢感呢？如「帶」、「胛」，八大將「帶」及「胛」的上半部「」、「」眾多筆劃集聚起來，形成密、滿、重的視覺效果，再將縱劃作一斜向的延伸，在視覺上便具奔雷墜石的震撼之勢。同理，他將「會、畫、醫、盤、實、賁」等字左右移動，便具將傾未倒的「疊羅漢」之勢。此即龔賢畫論所常言之「奇而安」也。

然而，八大又如何能夠如此誇大虛實對比而不流於空疏浮誇？

劉熙載云：「草書尤重筆力，蓋草勢尚險，凡物險者易顚，非具有大力，奚以固之？」

「李北海、徐季海多得異勢，然所恃全在筆力。」（註一六）

此實由八大精於篆法，終能運此渾厚飽滿之線條，予以組構成虛實對比如此強烈的形式。劉熙載復云：「古人草書，空白少而神遠，空白多而神密，俗書反是。」（註一七）亦唯八大於此空白多處能神密，以其筆力堅實之故也。張代岀言：「天下堅實者空靈之祖，故木堅則聲透，鐵實則聲宏。」（註一八）此八大之所以能在勢雄氣盛之下，呈現一股空靈之氣韻。終成「氣象高曠，而不入疏狂」的典型書風。

三、章法

本段落將僅對八大的楷、行書，作比較論證，蓋八大之行、楷最具超越晉唐風格之美。董其昌言：「古人論書，以章法爲一大事，蓋所謂行間茂密是也。」「右軍蘭亭敍，章法爲古今第一，其字皆映帶而生，或小或大，隨手所如，皆入法則，所以爲神品也。」（註一九）董氏第一句所言甚是，而第二句是因他生長的時代地域背景，看不到三代以迄漢魏間之質樸書風，是以他將二王書作，尤其是蘭亭敍視爲章法之極則。現在出土資料甚多，我們應打破這種看法。

何謂「行間成密」？如何才能使「行間茂密」？這自古以來便爲書家不傳之秘，即玄宰亦未必然完全理會得。我們再回到書史裡去察考，以實際的書作爲例證以解此不傳之秘。

首先，我們看一下（圖陸・一）商周之甲骨與金文，將會發現字的大小、疏密、寬窄變化無方，上下錯落，左右揖讓，行距被破壞，而全篇宛如一大字。所謂「一」，即「全」、「整」的有機統一。而在這有機統一裡面，字與字之間的揖讓、偃仰、排斥、疏密等等構成了本文第伍章所提的蘇珊、朗格之「有意味的生命形式」的要件。亦即在中國文字茲始，先民便以「直覺」、「感性」的藝術手法去看待整體篇章，而不爲單個文字所侷限。

再看（圖陸・二）秦、漢之帛書，文字已從籀文轉爲隸體。簡、帛書原爲士人、醫卜、軍士等所留下的墨跡，也是行草書的濫觴。在這裡，我們看到漢民族質樸古拙的氣勢，而這種古拙氣勢不是在官方所立的碑刻上所能呈顯的。吾人若能對於秦漢之間的整體文藝、社會有所了解，將有助於體會此種質樸書風之美感。故引李澤厚《美的歷程》中有關漢代的描述如下（註二〇）：

儘管漢賦是那樣堆砌、煩瑣、笨、呆板，但是江山的宏偉、城市的繁盛、商業的發達、物產的豐饒、宮殿的巍峨、服飾的奢侈、鳥獸的奇異、人物的氣派、狩獵的驚險、歌舞的歡快，……在賦中不無刻意描寫，著意誇揚。這與漢代畫像石、壁畫等等的藝術精神不正是完全一致的麼？它們所力圖展示的，不仍然是這樣一個繁榮富強、充滿活力、自信和對現實具有濃厚興趣、關注和愛好的世界圖景麼？儘管呆板堆砌，它在描述領域、範圍、對象的廣度上，卻確乎爲後代文藝所再未達到。它表明中華民族進入文明社會後，對世界的直接征服和勝利，這種勝利使文學和藝術也不斷要求全面地肯定、歌頌和玩味自己存在的自然環境、山岳江川、宮殿房屋、百土百物以至各種動物對象。所有這些對象都是作爲人的生活的直接或間接的對象化而存在於藝術中。人這時不是在其自身的精神世界中，而完全溶化在外在生活和環境世界中，在這種琳琅滿目的對象化的世界中。漢代文藝儘管粗重拙笨，然而卻如此之心胸開闊，氣派雄沈，其根本道理就在這裡。

與漢賦、畫像石、壁畫同樣體現了這一時代精神而保存下來的，是漢代極端精美並且可說空前絕後的各種工藝品。包括漆器、銅鏡、織錦等等。所以說它們空前絕後，是因爲它們在造型、紋樣、技巧和意義上，都在中國歷史上無與倫比，包括後來唐、宋、明、清的工藝也無法與之抗衡。

人對世界的征服和琳琅滿目的對象，表現在具體形象、圖景和意境上，則是力量、運動和速度，它們構成漢代藝術的氣勢與古拙的基本美學風貌。

你看那彎弓射鳥的畫像石，你看那長袖善舞的泥俑，你看那奔馳的馬，你看那說書的人，你看那刺秦王的圖景，你自看那車馬戰鬥的情節，你看那卜千秋墓壁畫中的人神動物的行進行列，……這裡統統有細節、沒有修飾，沒有個性表達，也沒有主觀抒情。相反，突出的是高度誇張的形體姿態，是手舞足蹈的大動作，是異常單純簡潔的整體形象。這是一種粗線條粗輪廓的圖景形象，然而整個漢代藝術生命也就在這裡。就在這不事細節修飾的誇張姿態和大型動作中，就在這以粗輪廓的整體形象的飛揚流動中，表現出力量、運動、速度以及由之而形成的「氣勢」的美。在漢代藝術中，運動、力量、「氣勢」就是它的本質。

也正因爲是靠行動、動作、情節而不是靠細微的精神面容、聲音笑貌來表現對世界的征服，於是粗輪廓的寫實、缺乏也不需要任何細部的忠實描繪，便構成漢代藝術的「古拙」外貌。

唐宋畫像磚儘管如何細微工整，面容姣好，秀色纖纖，比起漢代來，那生命感和藝術價值也距離很大。漢代藝術那種蓬勃旺盛的生命，那種整體性的力量和氣勢，是後代藝術所難以企及的。

形象如此，構圖亦然。漢代藝術還不懂後代講求的以虛當實、計白當黑之類的規律，它鋪天蓋地，滿幅而來，畫面塞得滿滿的，幾乎不留空白。這也似乎「笨拙」。然而，它卻給予人們以後代空靈精緻的藝術所不能替代的豐滿樸實的意境。它比後代空靈的美更使人感到飽滿和實在。與後代的巧、細、輕相比，它確乎顯得分外的拙、粗、重。然而，它不華麗卻單純，它無細部而洗鍊。它由於不以自身形象爲自足目的，就反而顯得開放而不封閉。它由於以簡化的輪廓爲形象，就使粗獷的氣勢不受束縛而更帶有非寫實的浪漫風味。但它又根本不同於後世文人浪漫藝術的「寫意」。它是因爲氣勢與古拙的結合，充滿了整體性的運動、力量感而具有浪漫風貌的，並不同於後世藝術中個情感的浪漫抒發（如盛唐草書的氣勢美）。當時民間藝術與文人藝術尚未分化，從畫像石到漢樂府，從壁畫到工藝，從泥俑到隸書，漢代藝術呈現出來的毋寧更多是整體性的民族精神。如果說，唐代藝術更多表現了中外藝術的交溶，從而頗有「胡氣」的話；那末，漢代藝術卻更突出地呈現著中華本土的音調傳統：那由楚文化而來的天眞狂放的浪漫主義，那在滿目琳琅的人對世界的行動征服之中的古拙氣勢的美。

是的，漢代藝術呈顯的氣勢與古拙之美，亦不例外地表現在書藝，表現在質樸的摩崖與簡帛上，例如〈石門頌〉，那石門棧道是無數平民生命所開通的，摩崖記事銘刻的是先民的血淚；又如〈刑徒磚〉的風格，非爲藝術而藝術，乃直接質性的表現。（見圖陸・三）

兩漢西晉五胡亂後，北方爲北魏、北涼、夏、北齊等胡人迭替的王朝。胡人血統內質的注入，使漢民族在漢末被摧殘殆盡的氣息，再度生活起來。而呈現在北方的書跡，在楷書方面就以北魏〈郭孟買地券〉、〈太和五年石函銘〉爲例（見圖陸・四）。字的結構，歪歪倒倒，大小不一，橫斜穿插，如以唐後的書家來看這種字，一定會斥之爲低俗，而如爲當代耆老沙孟海見之，亦必斥刻工之劣。其實，從商周、秦漢以迄北魏這些例子來看，我們才能體會到書藝初始即具有的，質厚的線性，無拘的造形，率性的章法；而整個透現出原始旺盛的生命力。此「生命力」，意指對書藝的造形、結構、章法，具有無限直覺式的、感性化的「

生生」的能力，即為一切書藝形式之所由生。這才是董其昌對「行間茂盛」所應有的原始理解。

由漢入晉，中國發生了鉅變，茲再摘述李澤厚所言（註二一）：

魏晉在中國歷史上是一個重大變化時間。無論經濟、政治、軍事、文化和整個意識形態，包括哲學、宗教、文藝等等，都經歷轉折。一種眞正思辨的、理性的「純」哲學產生了；一種眞正抒情的、感性的「純」文藝產生了。這二者構成中國思想史上的一個飛躍。哲學上的何晏、王弼，文藝上的三曹、嵇、阮，書法上的鍾、衛、二王，等等，便是體現這個飛躍，在意識形態各部門內開創眞善美新時期的顯赫代表。

那末，從東漢末年到魏晉，這種意識形態領域內的新思潮即所謂新的世界觀人生觀，和反映在文藝——美學上的同一思潮的基本特徵，是什麼呢？簡單說來，這就是：

(一)「人的覺醒」：

於是人的才情、氣質、格調、風貌、性分、能力便成了重點所在。總之，不是人的外在的行爲節操，而是人內在精神性（亦即被看作是潛在無限可能性）成了最高的標準和原則。完全適應著門閥士族們的貴族氣派，講求脫俗的風度神貌成了一代美的理想。

(二)「文的自覺」：

文的自覺（形式）和人的主體（內容）同是魏晉的產物。所謂「文的自覺」，是一個美學概念，非單指文學而已。其他藝術，特別是繪畫與書法，同樣從魏晉起表現著這個自覺。它們同樣展現爲講究、研討、注意自身創作規律和審美形式的過程。

由李澤厚描述，我們可知兩晉是對三代迄兩漢的藝術內質，加以「文」化的一個重要時期。就書藝言，亦即是將兩漢蓬勃生發的、無法之法的各種感性樣態書風，予以理性化的整理規範。而由於此時期的玄學風氣和人物藻的主題多以「人」爲主體，是以此種規範動作並未如唐法之束縛個性，反到徹底地將人的內在風神透顯於書作上，而博「尚韻」之美名。（見圖陸．五）

然此時的楷、行書，已由原始楷行書之具漢隸扁體勢（如鍾繇之宣示表），變爲長形風格。和（圖陸．六）的西晉、北夏、北涼書跡作一比較，則二王理性的「文」化現象遂暴露無遺。

在（圖陸．六）的〈李柏文書〉、〈兵曹掾許奴文書〉及〈翟萬衣物疏〉的章法中，行間隨時被左衝右突，而字形仍多具扁隸之意，間以長形字體穿插其間。此種素樸的布局，已具高度自由天成美感，亦爲董氏所盛讚的神品所應具備的「映帶而生，或小或大，隨手所如」的「行間成密」的章法。

二王人文化結果，天趣漸泯，即便是傳世的多種蘭亭摹本亦乏此原始風趣。再加上唐太宗獨尊逸少，致令今古阻絕。代遠年湮，後世書家無緣再見漢魏行、楷、草之古風，二王遂爲典範。因循久遠，唐以後書如陸柬之、唐玄宗、李北海、鮮于樞、趙孟頫、文徵明、董其昌、王鐸等等之書作俱乏自在之意。唯獨蘇東坡、米元章、王鐸晚年及傅青主略得之。而眞具此古韻章法者，唯楊凝式、八大二人耳。（圖陸．七～．十二）故八大在豐厚的學養及其對繪畫章法之理解下，不期然地回溯到章法美的本源，而使其書風兼具漢魏之質與兩晉之韻，此亦八大的超越。

以上乃以「歷史發展」史觀，詮釋書藝的發展及其得失。爲打破千餘年來以「二王」爲書藝之「最高典範」的成見，筆者再以近代西方美學家、哲學家深刻的理論來論證。

首先，維柯在《新科學》一書中，將人類歷史按照埃及人的劃分，分成最早的「神的時代」，其次是「英雄時代」，最後是「人的時代」。而在審美主體的心理結構和功能方面，他認爲人類心理結構的形成也歷經了三個歷史階段：童年、青年和成年。在前兩個階段，人類尚處於「神的時代」和「英雄時代」，這時人類全憑身體感官來接觸客觀外物，形成表象，並把這些表象留在記憶裡。猶如人的個體發展的兒童時期，還不善於抽象思維。所以認識客觀世界不是靠身體感官直接感知，就是憑借表象記憶展開聯想或想像。當人類跨入「人的時代」，抽象思維和邏輯推理的能力逐漸發展起來。這時，人類的形象思維能力受到抽象思維的限制，神話逐漸被人們忘記，詩歌（廣義地指所有藝術家）。亦失去其原有的活力。因此，他把形象思維與抽象思維對立起來，認爲人類的「推理力愈弱，想像力就愈強」。所以，人類處於兒童時期，按其本性來說，人人都可以成爲詩人（廣義指藝術家）。世界進入成年時期，「抽象思維能力愈強，其形象思維能力就愈弱」，這就是造成近代藝術衰弱的根本原因。（註二三）

在《新科學》的第二卷〈詩性智慧〉中，他說：「按照希臘原文POESIS（詩），這個字的意義就是『創造』，所以『詩性智慧』的本義就是創造或構造的智慧，在起源時主要是創造的功能，而不是後來以詩性智慧爲基礎而發展出的那種反思推理的玄學（哲學）智慧。而此『詩性智慧』即『形象思維』。」「人類心智功能由詩性智慧發展到玄學（哲學）智慧，由感性發展到理性。」沒有『形象思維』就不能有詩或文藝以及詩學或文藝理論。」「哲學把心靈從感官中拖出來，而詩的功能卻把整個心靈沈浸在感官裡；哲學飛升到普遍性（共相），而詩卻必須深深地沈浸到個別具體事物（殊相）裡去。」（註二四）

史作檉在《形上美學導論》一書中說道：「眞正的美學就是一種方法，就是一種將人之整體的存在納入於表達（註二六）之內的一種方法。一般而言，我們叫做直覺（註二十七），若就實際而言，它卻必須是建立在形式之窮盡的基礎上才行。否則直覺將成爲毫無憑藉。」「所謂美學即一切表達之原創性之根源的意思。」（註二五）

克羅齊在《美學原理》中言：「知識有二種形式：不是直覺的，就是邏輯的；不是從想像得來的，就是從理智得來的；不是關於個體的，就是關於共相的；不是關於諸個別事物的，就是關於它們中間關係的。總之，知識所產生的不是意像，就是概念。」（註二八）「直覺的活動能表現所直覺的諸形相，才能獲得那些形相。……無論表現是圖畫的、文字的、音樂的、或是任何其他形式的，它對於直覺都絕不可少。直覺必須以某一種形式的表現出現，表現其實就是直覺的一個不可少的部份。」（註二九）「直覺是離理智作用而獨立自主的……，直覺就是表現。」（註三〇）

從以上美學理論，我們可以再度肯定地為三代以迄魏晉書藝重新詮釋。三代、秦、漢、北魏時期，就相當於維柯所言的，是「神的時代」、「英雄的時代」。那時人類是較感性地去直覺一切事物。而書藝形式即書者以具原始的「詩性智慧」的「直覺」去「表現」。這種「詩性智慧」是具有創造力的，是原創性的「生生」的根源。故此期書風多呈現出個別「殊相」，也就是說此期書風繽紛眩目。

而進入兩晉，也就是中國歷史上最具思辨能力的時期。人類思維成熟了，由「詩性智慧」發展到「玄學智慧」；由「感性」發展到「理性」。「抽象思維」愈強，「形象思維」遂愈弱，而創生的活力也愈衰去。抽象思維的強化，造成兩晉書家們將兩漢、化魏以前的雜多殊相，歸納出「共相」。此「共相」即「法則」。於是書藝開始有了許多成法，如「永字八法」、「筆陣圖」、「歐陽詢三十六法」、明人「李淳的八十四法」、清人「黃自元的九十二法」。層層綑綁，遂令創生能力幾泯。

又因兩晉以後，歸結出「共相」，書藝創作遂服從於理性歸納出的「法則」，而非根於感性的「書家主體」，書藝形式和書家內在生命事實上已產生相當的落差。而表現主義的書風，實乃欲破此桎梏，返回直覺感性的詩性智慧與形式之契繫上。

誠如本論文第五章所述，筆者係依現象學的方法論，將商周以迄八大之書藝先存而不論。而在證得書藝本質的還原後，再順源而下，將原先存而不論的商周以下部份攝入研究。終將歷經千餘年以來被扭曲損壞了的，對書藝的看、知能力恢復，還原出書史的直實，並因而得以正確認知八大山人書藝的成就。

綜而言之，八大所成就之書藝風格，可以司空徒《二十四詩品》之第一品「雄渾」來概括：「大用外腓，真體內充。返虛入渾，積健為雄。具備萬物，橫絕太空。荒荒油雲，寥寥長風。超以象外，得其環中。持之非強，來之無窮。」（註二二）

(二)周金文

(一)商甲骨文

圖陸・一

㈠秦帛書

㈡、㈢漢簡

㈣、㈤漢帛書

圖陸・二

圖陸・三

(一)石門頌

(二)刑徒磚

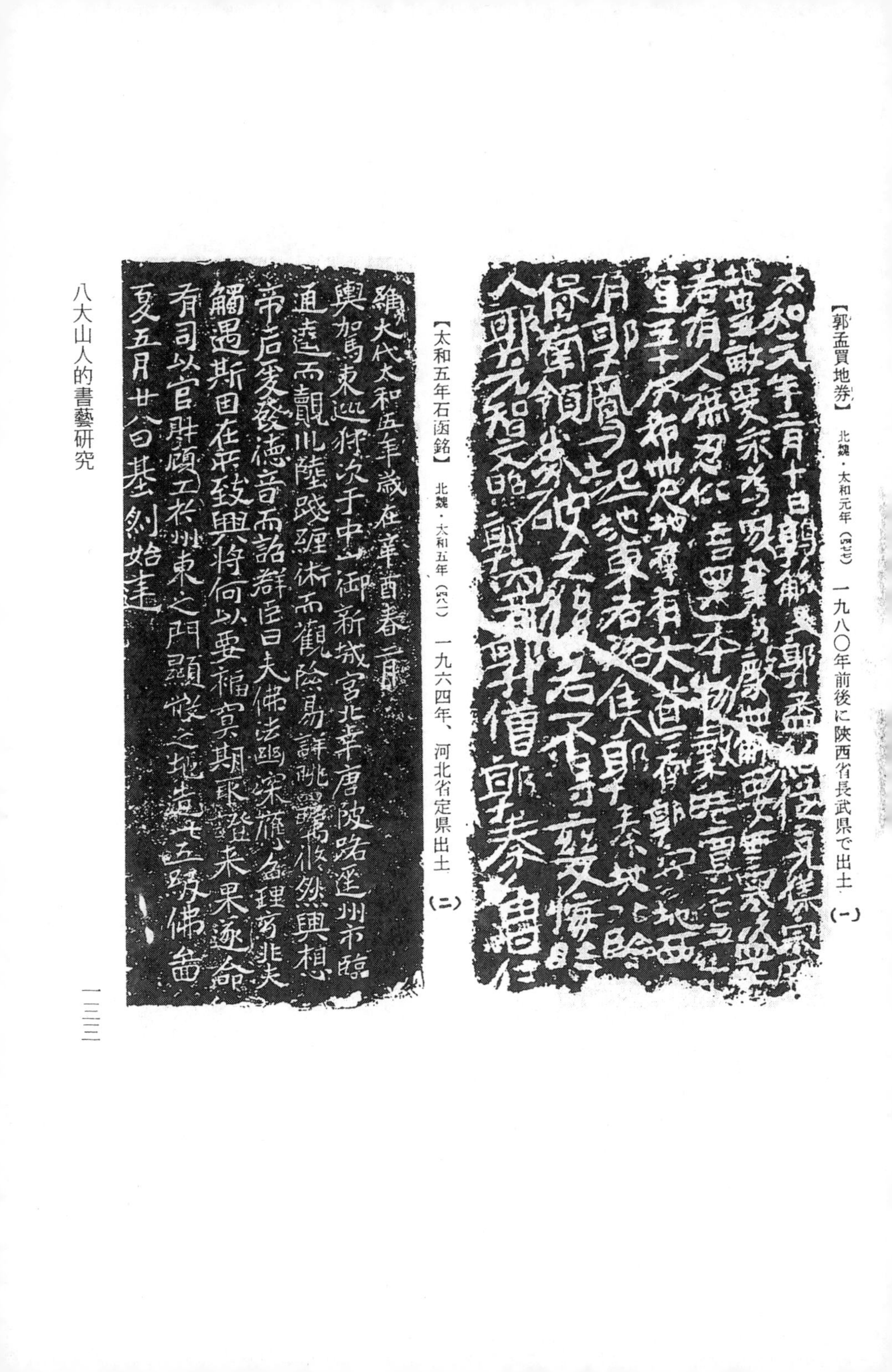

（一）【郭孟買地券】　北魏・太和元年（四七七）　一九八〇年前後に陝西省長武県で出土

（二）【太和五年石函銘】　北魏・太和五年（四八一）　一九六四年、河北省定県出土

圖陸・五

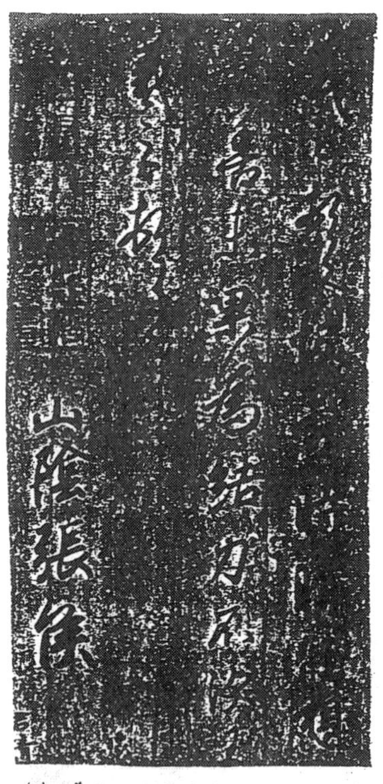

㈠王羲之，快雪時晴帖

㈡平安帖

㈢東晉王珣，伯遠帖

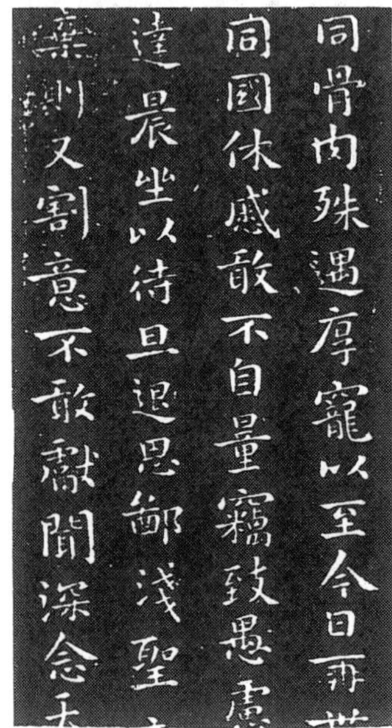

㈣鍾繇，宣示表

圖陸・六

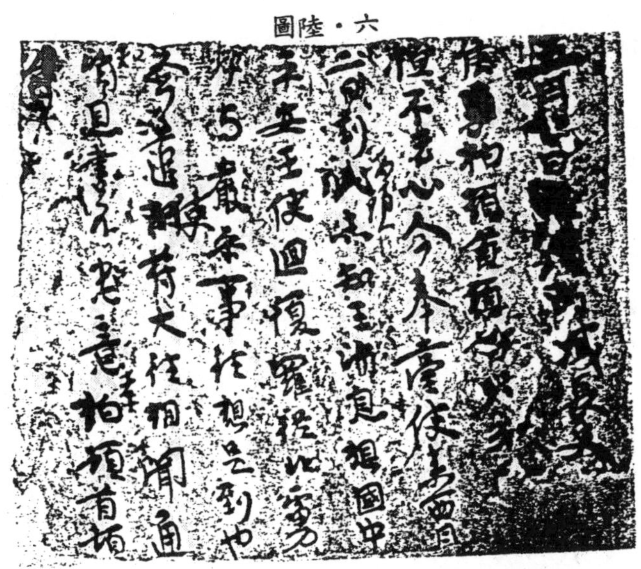

(一)西晉，李柏文書

(二)夏，兵曹掾許奴文書

緣禾六年正月十四日延壽里民翟万去天
入地謹條隨身衣裳物數如右時見左
清龍右白虎前朱雀後玄武
田並絲

(三)北涼翟萬衣物疏

圖陸・七

鶺鴒千數棲集於
麟德殿之庭樹竟旬
焉飛鳴行搖得在
原之趣昆季相樂
縱目而觀者久之逼
之不懼翔集自若
朕以為常鳥無所
志懷左清道率府
長史魏光乘才雄白

(二)唐玄宗，鶺鴒頌

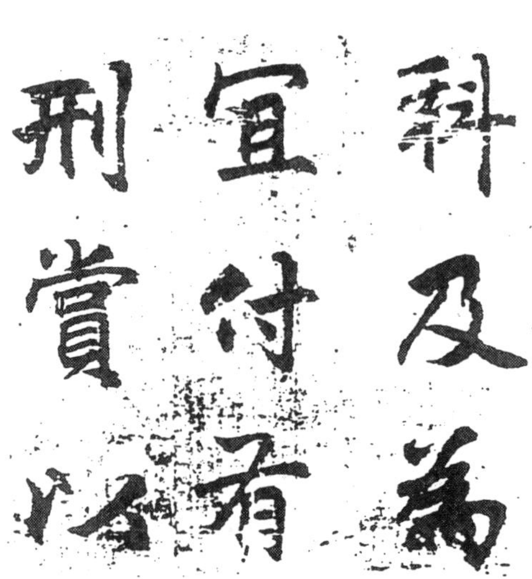
料及為
宜付有
刑賞以

(三)唐，李北海出師表

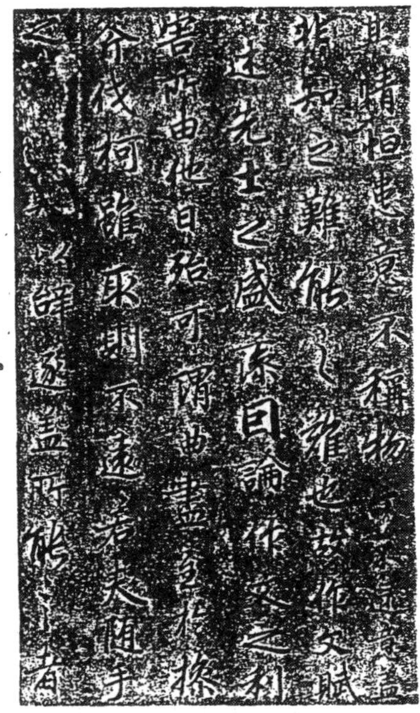
其情恒患意不稱物文不逮意蓋
非知之難能之難也故作文賦
以述先士之盛藻因論作文之利
害所由佗日殆可謂曲盡其妙至於操
斧伐柯雖取則不遠若夫隨手
之變良難以辭逮蓋所能言者

(一)唐，陸機文賦

圖陸・八

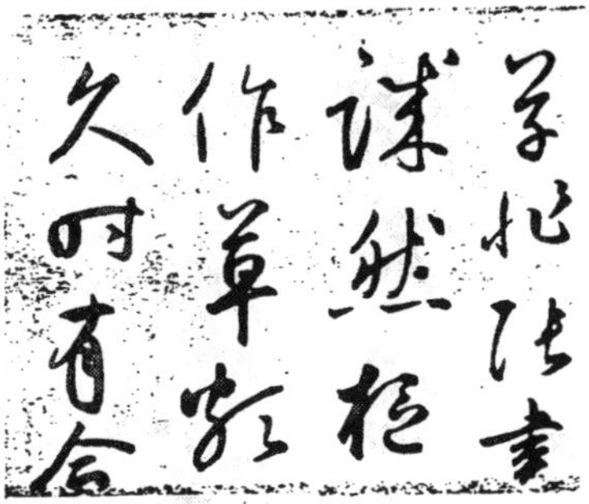

(一)元，鮮于樞

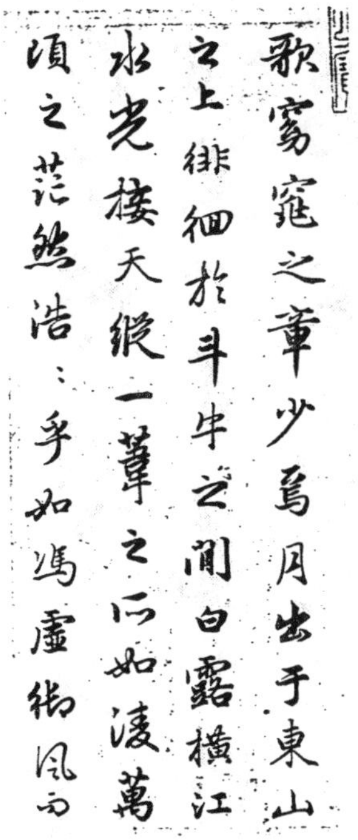

(二)元，趙孟頫

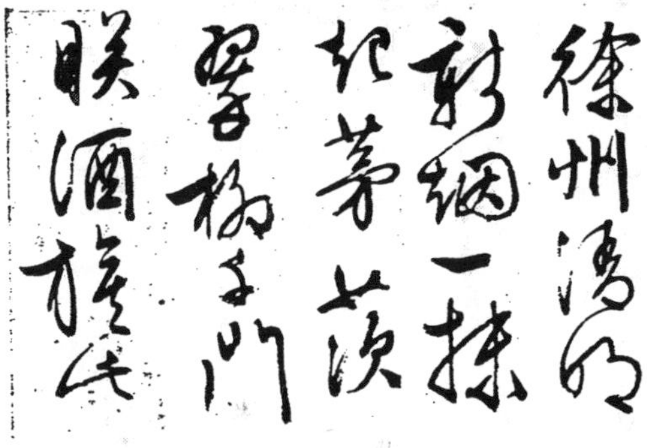

(三)明，文徵明

(四)明：王鐸

圖陸•九　宋，蘇東坡尺牘

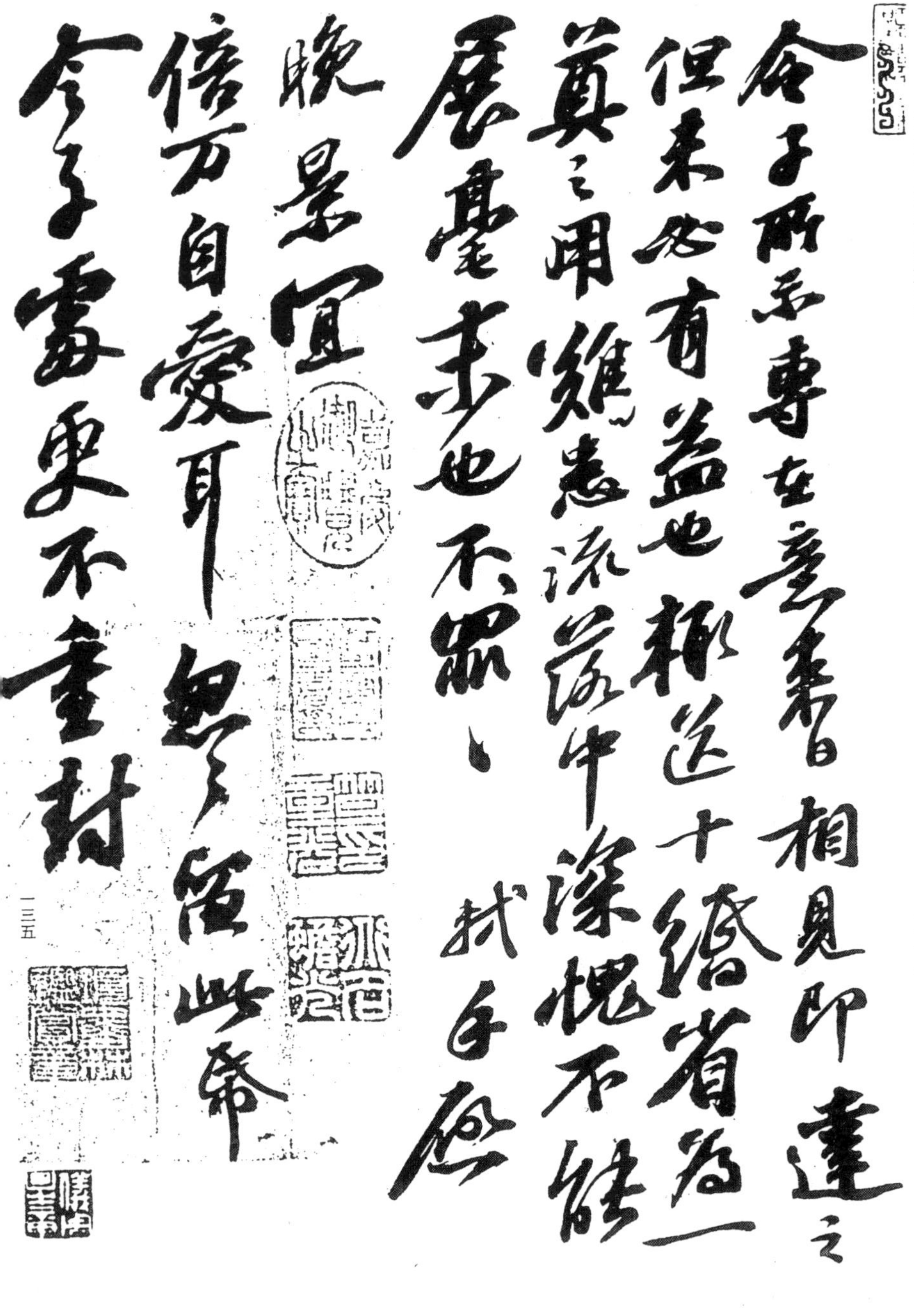

一三五

圖陸・十　宋，米南宮尺牘

圖陸・十一　清，傅山行書

圖陸・十二

㈠楊凝式草堂十志跋

㈡八大山人臨王獻之　群鵝帖書

㈢八大山人臨歐陽詢書

㈣八大題跋

【註釋】

註　一　《蘇軾文集》卷二，景印文淵閣四庫全書，商務印書館。摘錄自楊雅惠〈兩宋文人書畫美學研究〉，二二一頁。

註　二　《董其昌研究論文集》

註　三　劉千美〈海德格論詩的本質〉，摘自《東吳哲學傳習錄》復刊第一號，一一九頁，東吳大學一九九二年出版。

註　四　姚夢谷〈八大山人的志節與書風〉。

註　五　孫過庭〈書譜〉，摘自《歷代書法論文集（上）》，一一二頁。

註　六　宋高宗趙構〈翰墨志〉，仝右，三四〇頁。

註　七　質、韻之論，古來多矣，可參考筆者〈論書法之氣與韻〉，原載台灣新生報，一九九二年五月三十一日。

註　八　李苦禪〈八大山人畫集序言〉，江西美術出版社，一九八五年版。

註　九　〈趙孟頫論畫〉，摘自《歷代論畫名著彙編》，二〇三頁，世界書局印行，一九八四年再版。

註一〇　仝註八。

註一一　蔡邕〈九勢〉，摘自《歷代書法論文集（上）》。五頁。

註一二　仝右，十一頁。

註一三　仝右，七十六頁。

註一四　康有爲《廣藝舟雙楫》，〈綴法篇〉，《歷代書法論文集（下）》。

註一五　劉延濤《草書通論》，二頁，中國文化大學，一九八三年初版。

註一六　劉熙載《藝概》，一九〇頁。

註一七　仝右，一八九頁。

註一八　張岱〈跋可上人大米畫〉，《晚明小品與明季文人生活》，一五三頁。

註一九　董其昌〈畫禪室隨筆〉，《歷代書法論文集（下）》。

註二〇　李澤厚《美的歷程》，八〇～一〇〇頁，元山書局，一九八六年初版。

註二一　仝右。

註二二　司空徒《二十四詩品》，四十四頁，金楓出版有限公司，一九八七年初版。

註二三　李澤厚等編《美學百科全書》，四七三頁，社會科學文獻出版社，一九九〇年。

註二四　朱光潛《維柯的新科學及對中西美學的影響》，香港中文大學印，一九八三年。

註二五　史作檉《形上美學導論》，十頁，仰哲出版社，一九八二年。

註二六　有關「表達」一詞，在史作檉《形上美學導論》第七頁：「所謂一切表達，即以符號而得以完成之人類文明中，四種高度呈現之文明，即：科學、藝術、哲學、道德（宗教）。」

註二七　所謂「直覺」，就是見到一個事物，心中只領會那事物的形相或意像，不假思索，不生分別，不審意義，不立名言，這是知的最初階段的活動，叫做直覺。直覺是一切知的基礎。見到形相了，進一步確定它的意義，尋求它與其它事物的關係和分別，在它上面作推理的活動，所得的就是概念或邏輯的知識。（這是克羅齊在《美學原理》中，所作之定義。）

註二八　克羅齊（PENEDETTO CROCE），近代西方美學家，倡「直覺」說。《美學原理》，一頁，正中書局編印，一九八七年。

註二九　仝右，八頁。

註三〇　仝右，十一頁。

第七章 結論

在完成八大書藝的探討之後，我們再回溯一下晚明的文藝思潮。明中前後七子之倡摹仿秦漢唐宋文，到明末時，受到嚴厲的批判。此反動思潮由祝枝山、李卓吾、徐文長首開先聲。

李贄（卓吾）言：「天下文章當以趣爲第一；既是趣了，何必實事並實有是人。」（註一）「夫童心者，眞心也。若以童心爲不可，是以眞心爲不可也。夫童心者，絕假純眞，最初一念之本心也。若失卻童心，便失卻眞心。失卻眞心，便失卻眞人。人而非眞，全不復有初矣！」（註二）「世上《水滸》一部，然後施耐庵、羅貫中借筆墨拈出，若夫姓某名某，不過劈空揑造，以實其事耳。如世上先有淫婦人，然後以武松之嫂實之。世上先有馬泊六，然後以王婆實之。世上先有家奴與主母通姦，然後以盧俊義之賈氏、李固實之。若管營、若差撥、若董超、若薛霸、若富安、若陸謙，情狀逼眞笑語欲活，非世上先有是事，即令文人面壁九年，嘔血十石，亦何能至此哉！」（註三）

李卓吾率先提出了以「趣」、「眞」（童心）、「生活」爲文藝的重點。徐文長隨之提出「反摹仿」、「尙眞」、「貴質」的文藝觀。他說：

「人之學爲鳥言者，其音則鳥也，而性則人也，鳥有學爲人言者，其音則人也，而性則鳥也。……今之爲詩者，何以異於是？不出於己之所自得，而徒竊於人之所嘗言。……此雖極工畢肖，而已不免於鳥之爲人言矣。」〈葉子肅詩序〉（註四），此反摹仿也。

「今天下事鮮不僞者，而文爲甚。夫眞者僞之反也。……故眞也則不搖，不搖則神凝，神凝則壽。」〈贈成翁序〉（註五），此言尙眞也。

「世事莫不有本色，有相色。本色猶俗言正身也。相色替身也。替身者，即書評中婢作夫人終覺羞澀之謂也。婢作夫人者，卻塗沫成主母而多插帶，反掩其素之謂也。故予於此本中賤相色，貴本色。」〈西廂序〉（註六），此貴眞質也。

繼李卓吾、徐文長之後，袁宏道復提出童心之「趣」說，其〈敘陳正甫會心集〉云：「世人難得者唯趣。趣如山中之色，水中之味，花中之光，女子之態，雖善說者不能下一語，唯會心者知之。……當其爲童子也，不知有趣，然無往而非趣也。」（註七）

由徐青藤、李卓吾、袁宏道等人蔚然形成的晚明文藝思潮，替晚明社會開創出一片清新活潑的創作氛圍，而到張岱時更集其大成，「其爲文不主一家，而別以成其家，故既能醇乎其醇，亦復出奇盡變。」（註八）「張陶庵，筆具化工……其一種空靈晶映之氣，尋其筆墨

又一無所有。」（註九）

張宗子〈與何紫翔〉：「昨聽松江何鳴臺，王本吾二人彈琴，何鳴臺不能化板爲活，其蔽也實；王本吾不能練熟爲生，其蔽也油。二者皆是大病，而本吾爲甚。何者？彈琴者，初學入手，患不能熟；及至一熟，患不能生。夫生，非澀勒離岐遺忘斷續之謂也。古人彈琴，恮揉掉注，得手應心。其間勾留之巧，穿度之奇，呼應之靈，頓挫之妙，眞有非指非弦，非勾非剔，一種生鮮之氣，人不及知，己不及覺者。非十分純熟，十分淘洗，十分脫化，必不能到此地步。蓋此練熟還生之法，自彈琴撥阮，蹴踘吹簫，唱曲演戲，描畫作字，作文作詩，凡百諸項，皆藉此一口生氣。得此生氣者，自致清虛；失此生氣者，終成渣穢。吾輩彈琴，亦唯取此一段生氣已矣。」（註一〇）

〈冰雪文序〉：「蓋詩文只此數字，出人之手，遂現空靈；一落凡夫俗子，便成臭腐……
……蘇長公曰：『子由近作棲賢僧堂記，讀之慘涼，覺崩崖飛瀑，逼人寒慄。』噫！此豈可與俗人道哉！筆墨之中，崖瀑何從來哉！」（註一一）

〈跋可上人大米畫〉：「天下堅實者空靈之祖，故木堅則燄透，鐵實則聲宏，可一師最喜宋畫，每以板實見長，而間作米家，又復空靈荒率，則是其以堅實爲空靈也，與彼率意頑空者，又隔一紙。」（註一二）

張宗子提出的文藝觀歸而言之，便是：一、「生氣」，而此生鮮乃必爲「由熟轉生」；

與宗子前後時的湯顯祖，馮夢龍提出重「情」的文藝觀，強調抒發眞性情的流露。二、「空靈」，而此空靈乃須以堅實爲本。

而傅山更提出極深刻的「根源性」：「舊見猛參將標示曰『子初六』，奇奧不可言，嘗心擬之，如才有字時。又見學童初寫仿時，都不成字，中而忽出奇古，令人不可合亦不可拆，顚倒疏密，不可思議。才知我輩作字，卑鄙捏捉，安足語字中之天。」（註一三），此種未經人文化成的天生質性，呈顯在藝術上是那般的強而有力。藝術家日日學養之目的，無非亦是要找回這能「生生」之原始創力。就詩文而言，明末詩文的風格，主要亦是在表現眞摯性情的「眞」。魏際瑞云：「萬分之似，不如一分之眞。」黃犂洲主張，文須言之有物，他說：「周元公曰：『文所以載道也，今人無道可載，徒欲激昂于篇章字句之間，組織紉綴以求勝，是空無一物而飾其舟車也，故雖大輅餘煌，終爲虛器而已矣。』」顧炎武曰：「詩主性情，不貴奇巧。」又說：「近世文章之病，全在摹仿，即使逼肖古人，已非極詣；況遺其神理而得其皮毛者乎？」故「效楚辭者必不如楚辭；效七發者，必不如七發。蓋其意中先有一人在前，既恐失之，而其筆力復不能自遂，此壽陵餘子學步邯鄲之說也。」王夫之言：「詩文主身之所歷，目之所見。」方以智曰：「今人不曉作文，動言有奇平二轍，凡自胸臆陶寫出者是奇是平爲優。從外剽賊沿襲者，非奇非平爲劣。」（註一四）

從晚明到清初的這些鼓動風潮的文藝思想來看，整個時代是完全不同於明中以前那般，沈悶無創造力。晚明清初文藝思想之蓬勃，要言之，是要求「眞」、「質」、「趣」、貴「原創」賤「摹仿」、「由熟而生」、「由堅實而空靈」，重「生活」所透發出的平淡天眞，而平淡天眞至極便是奇。西方藝術史學家里格耳堅持：「藝術史研究，必須揭示各個時代藝術風格、樣式的特徵，並由此風格樣式出發，去揭示主宰這風格樣式的，更深層的藝術意志，而且還要進一步去揭示左右這藝術意志的世界感。」由於八大山人「言無言」，筆者只能信任西方詮釋學家殷格頓的話：「作者之眞實，存在於作品中」，「作品的價值，即在於其言說能力。」故純由其書作去逆索。而於上兩章中，推論出八大書作形式的內在意志，恰與晚明迄清初之整體時代文藝思潮主流若出一轍，足證本論文應具一藝術史研究水平。

最後，再談八大與楊凝式。二者有四同：

一、皆生於朝代交替之亂世。

二、皆佯狂以避禍。

三、就書史言，俱處於表現主義的狂縱書風之後期。

四、皆具整合前期狂野書勢，使趨魏晉典重古雅之風彩。

然楊凝式上承盛唐，下開兩宋，影響書史發展至深至鉅，且史不絕書。而八大卻在書史中如曇花一現，隨著有清一朝之開展而漸泯，其因何在？

一、**光賓師言**：「大凡一個新朝代伊始，帝王皆好工整典雅之書。」有清一朝自不例外。

康熙喜學香光，乾隆雅愛吳興。上有好之，下必從焉，一時董趙姸美風格，滿朝披靡。八大書風遂未見重視。

二、考據之學事實上晚明已開先河。除了本論文第肆章〈八大山人書風的形成〉所述的小學研究風氣外；謝國楨《明末清初的學風》一書中論述亦詳（註一五）。此考據、訓詁最後將士人導往古史的探索，而古史的探索又須藉三代吉金、漢魏碑碣之研究來充實，於是最後在阮元南帖北碑論，以及包安吳《藝舟雙楫》的鼓吹下，碑學遂大興，而行莫乃式微。

三、李卓吾晚年讀易而預言：「文極必開動亂。由亂復歸於治，有待於下一代創業之君，棄文就質。」此雖爲政治上的預言，而實亦爲對文藝發展的洞見。蓋有明一朝，實爲中國史上最「史」、最「文」的一個時代。（有關史、文之義，請再次察勘本論文第肆章之註十一，牟宗三之詮釋）文極生變，必反動而生質樸之性。而由晚明之考據暗流帶動下，終至有清中葉鄧、伊等人之出現，而將尙質書風帶到高潮。而八大在這承轉關頭，乃成爲過渡性的書風而不爲人們所理解重視。此歷史之使然，非八大藝事之不夠精純之罪也。而楊凝式則不然，所承中唐豐厚無比。由唐入宋，是順勢的「質」的再「文」化過程，而非由「文極」轉入「質極」的逆勢歷路。此一順一逆之別，於書史上的地位與影響竟是天壤之別，悲夫！

不過，藝術家的存在價値與歷史定位，不應用影響後世的「量」來決定。蓋逸少若非唐太宗之推崇，則未必能爲書中之聖；玄宰、松雪若非康、乾二帝之喜好，亦未必能享如此盛名。且每一時代之好惡皆有不同，如明人專學二王以下之行草，而於三代秦漢北碑皆置之不顧。我們可否因此而將三代迄魏之書學貶抑呢？相對地，有清一朝尊碑輕帖，我們可否因此而將二王、蘇米等貶斥呢？藝術史家應當站在客觀的立場，就作品本身的水平予藝術家合理的定位；同時藝術史的每一階段都如潮水一般，有起有落，而每一浪的起落都是墊著前浪（即前人）而推得更高更，故藝術史的研究亦應給予這些「推」波「助」瀾的前賢予以肯定，此筆者之史觀也。

故本論文研究之目的，除爲彰顯八大書藝之幽光外，更重要的是要在歷史根源探討上，給讀者一個借鑑，以對這個時代的書藝應何去何從作一省思。而藝術家將歷史文化化爲一己之內蘊，再外現固存到作品上以供萬世萬代之人神馳思騁，怡情養性。秦皇漢武而今安在？藝術家豈不巍然超越彼等而得爲萬世所尊仰者乎？

【註釋】

註　一　徐壽凱《中國古代藝文思想漫話》，二五九頁，木鐸出出版社，一九八八年。

註　二　李贄《焚書・雜述》，九八頁，漢京文化事業有限公司，一九八四版。

註　三　仝註一，二六〇頁。

註　四　朱劍心《晚明小品選注》，三七頁，台灣商務印書館，一九六四。

註　五　梁一成《徐渭的文學與藝術》，二一頁，藝文印書館。

註　六　仝右，二二頁。

註　七　仝註四，三九頁。

註　八　陳萬益《晚明小品與明季文人生活》，一四三頁，大安出版社，一八八年。

註　九　仝右，一四四頁。

註一〇　仝右，一五二頁。

註一一　仝右，一五二頁。

註一二　仝右，一五三頁。

註一三　《傅山論書畫》，侯文正輯注，二五頁，華正書局，一九八七年。

註一四　謝國楨《明末清初的學風》。四九～五〇頁，仲信出版社，一九八〇年。

註一五　仝右，四四～四八頁。

主要參考書目

一、史料部分：

廣信府志卷十
新建縣志卷七十
清史卷六
四庫提要卷一百三十二　子部雜家類
廿二史箚記卷三十四　趙翼
霜紅龕集　傅山　文史哲出版社
蘇長公外紀　王世貞　弇山人續稿卷四十二
蘇長公合作引　鄭之惠　凌啓康刊本
藝概　劉熙載　金楓出版有限公司
莊子讀本　黃錦鋐註譯　三民書局

春雨雜述　解縉
廣藝舟雙楫　康有爲　世界書局
書禪室隨筆　董其昌　世界書局
二十四詩品　司空圖　金楓出版社
焚書　李贄　漢京文化
晚明小品選注　朱劍心　台灣商務
傅山論書畫　侯文正輯注　華正書局
歷代論畫名著彙編　世界書局
宋元明清書畫家年表　文史哲出版社
中華五千年文物集刊・法書篇（六）～（十三）　故宮博物院

二、專書部份：

八大山人論集　王方宇輯　國立編譯館
八大山人畫集　江西美術出版社
八大石濤書畫傢　國立歷史博物館
明末清初的學風　謝國楨　仲信出版社

中國史常識（明清篇）　弘文館出版社
晚明小品與明季文人生活　陳萬益　大安出版社
中國古代藝文思想漫話　徐壽凱　木鐸出版社
中國古代美學藝術論　朱孟實等　木鐸出版社
中國古代文藝美學範疇　曾祖蔭　文津出版社
董其昌研究論文集　劉綱紀等
老莊思想論集　王煜　聯經出版
美的歷程　李澤厚　元山書局
徐渭的文學與藝術　梁一成　藝文印書館
司空圖新論　王潤華　東大圖書公司
比興物色與情景交融　蔡英俊　大安出版社
草書通論　劉延濤　中國文化大學
判斷力批判　康德著，宗白華譯　滄浪出版社
意志與表象的世界　叔本華著，劉大悲譯　志文出版社
新科學　維柯，朱光潛譯　駱駝出版社
美學原理　克羅齊　正中書局

維柯的《新科學》及對中西美學的影響　朱光潛　香港中文大學
胡塞爾　蔡美麗　東大圖書公司
情感與形式　蘇珊·朗格著，劉大基譯　商鼎文化出版社
當代文學理論　張雙英、黃景進編　合森文化事業
抽象與移情　渥林格著，魏雅婷譯　亞太圖書出版社
現象學與文學批評　鄭樹森編　東大圖書公司
現象詮釋學與中西雄渾觀　王建元　東大圖書公司
藝術現象的符號——文化學闡釋　何新　明鏡文化
形上美學導論　史作檉　仰哲出版社
美學百科全書　李澤厚等編　社會科學文獻出版社

三、期刊部分：

文物　一九六〇年第七期〈八大山人叢考及牛石慧考〉，李旦撰。
書譜　第六八期〈李北海與八大山人的書法〉，徐利明。
西泠藝叢　一九八九年三月號〈明代的中書舍人與台閣體〉，蕭燕翼撰。
大陸雜誌　六四卷第二期〈个山小像〉。

台灣新生報　一九九二年五月三十一日〈論書法的氣與韻〉，楊子雲撰。

聯合報副刊　一九九〇年十一月八日〈全國文化會議書面講辭〉，牟宗三撰。

故宮學術季刊　第七卷第一期〈明遺民子弟出試問題平議〉，何冠彪撰。

故宮文物月刊　第九六、九七、九八、九九、一〇二、一〇四、一〇八、一〇九、一一二、一一三期

四、論文部份：

董其昌書法藝術　徐利明

唐代書壇奇傑李邕和他的書法藝術　余城

楊凝式書風之研究　黃緯中撰，文化大學藝術研究所碩士論文，一九八九年。

兩宋文人書畫美學研究　楊雅惠撰，師範大學中文研究所博士論文，一九九一年。

海德格論詩的本質　劉千美撰，東吳大學《傳習錄》復刊第一號，一九九二年。

圖版

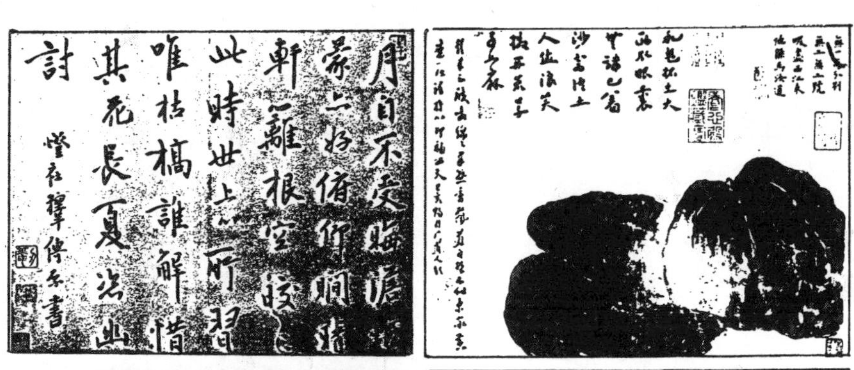

001 K
1665 作
十五幅册頁

＃003 Y，个山，1677 作董體

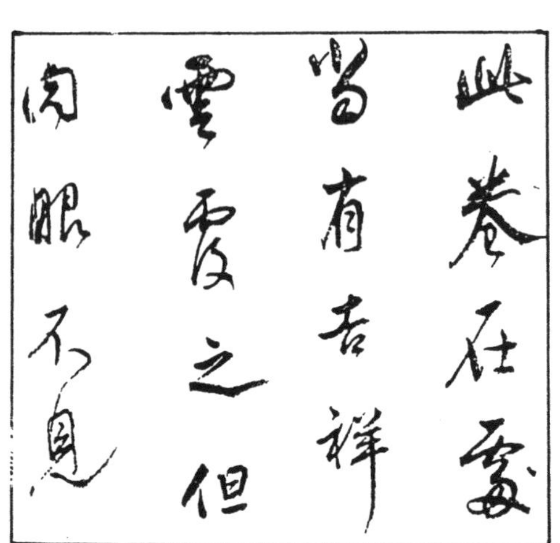

＃004 Y，董其昌行書

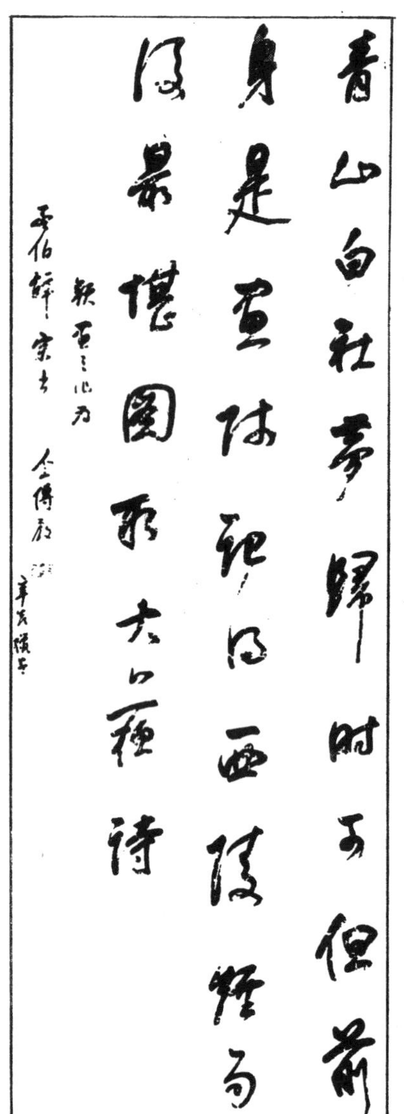

＃002 Y，个山
1671 作，青山白社詩

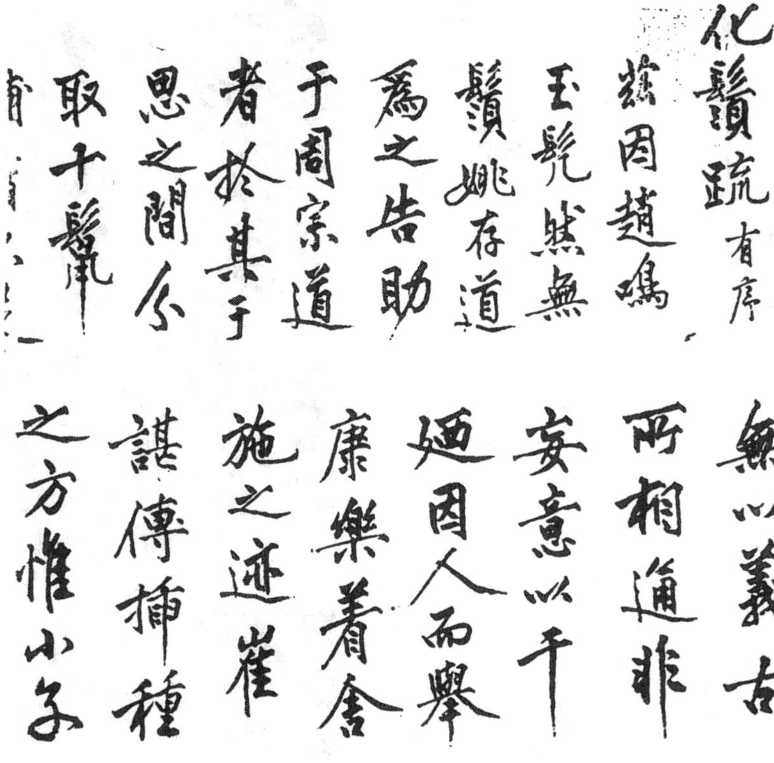

＃ 004 C，沈周化鬚疏

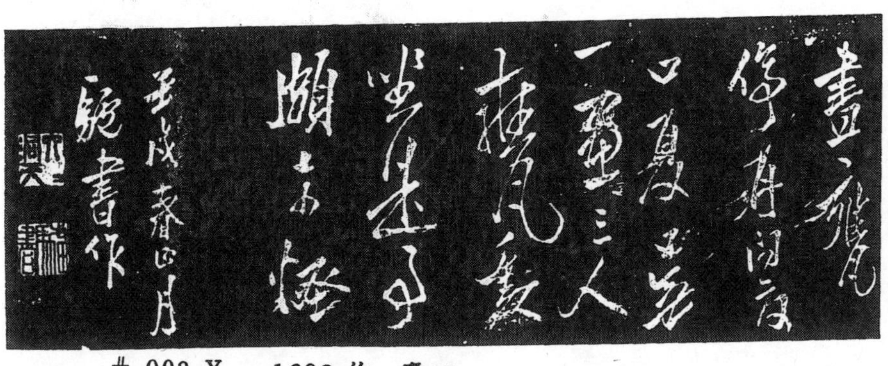

＃ 008 Y，1682 作，甕頌

005 Y，黃山谷書

没毛驢初生兔劈破面門手足無措莫是悲他
世上人到頭不識來時路今朝且喜當行穿過
葛藤露布咄
戊午中秋自題

006 P，个山，1678 作
自題〔个山小像〕，此時
黃山谷體已具風貌

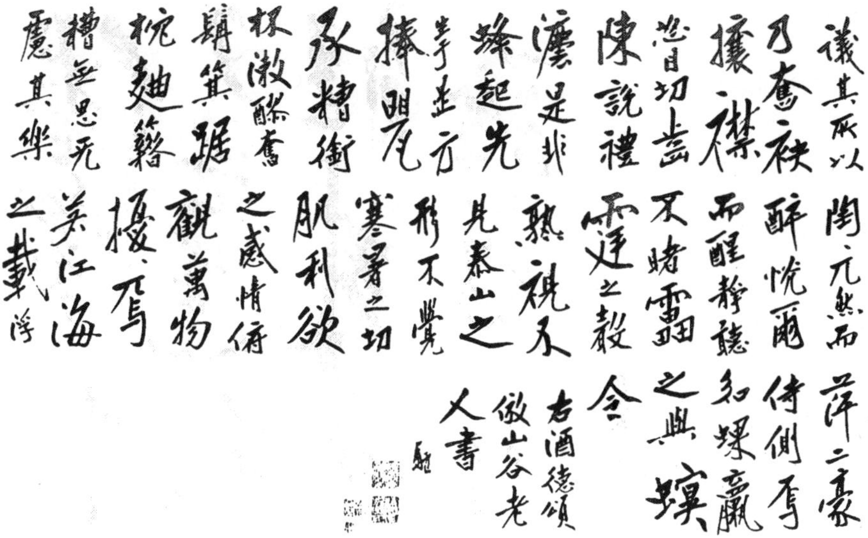

007 Y，1682－1683 作，酒德頌

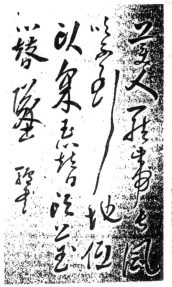

009 Y，1683 作，冊十一頁題詩

011 Y，1682 作，題畫詩

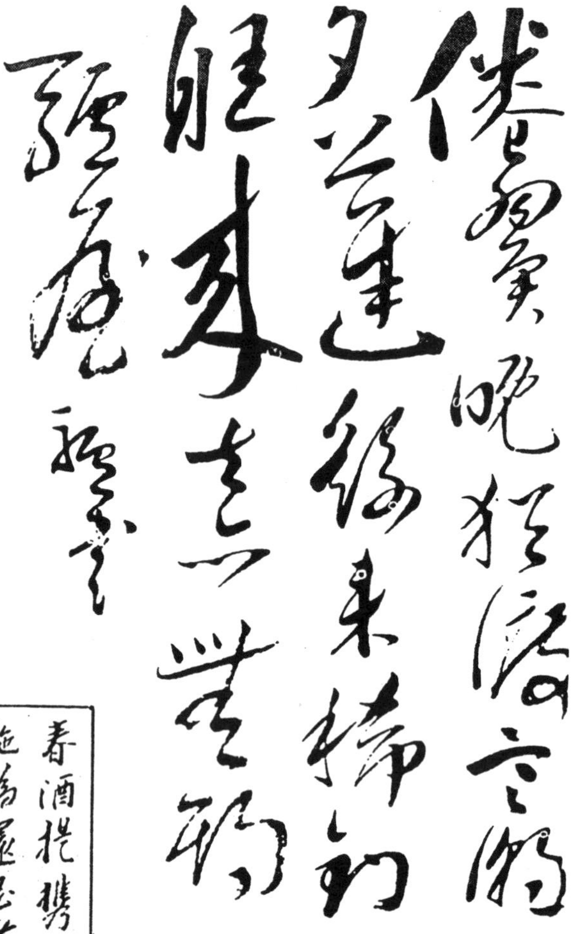

010 Y，1682 作，題畫詩

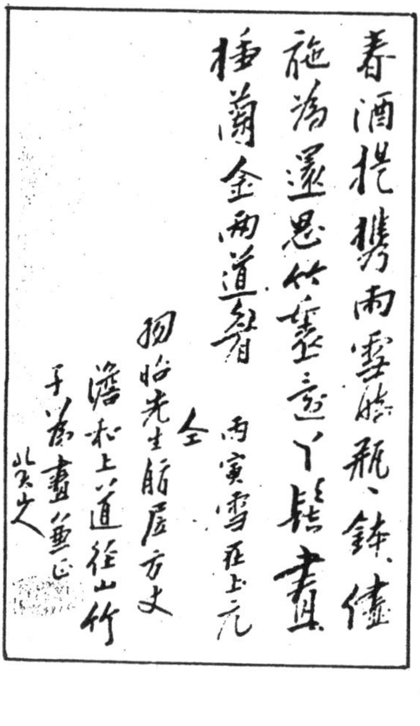

015 Y，1686 作，題芝蘭清供詩

012 Y，1684 作

013 Y，1684 作，冊頁

014 Y，1683 作，冊十一頁

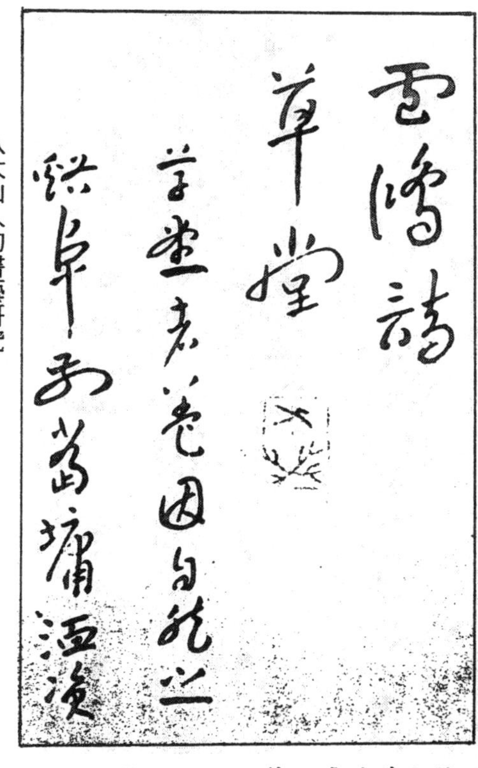

016 K，1686 作，盧鴻草堂詩

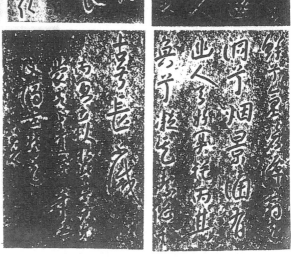

＃016 K，′
1686 作，
盧鴻草堂詩

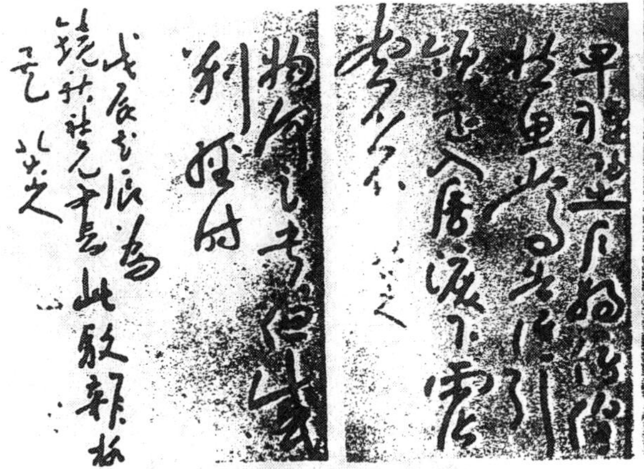

＃ 017 K ， 1688 作，古詩十九首

＃ 018 P ， 1686－1688 作，題畫詩

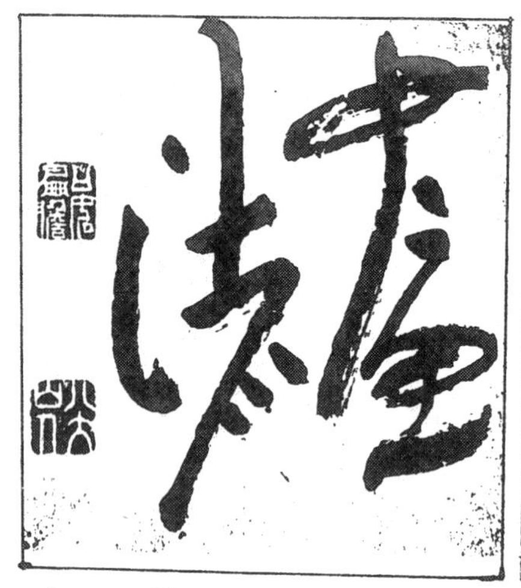

021 Y，1688－1689作，冊頁首

019 P，1689作，致方士琯尺牘

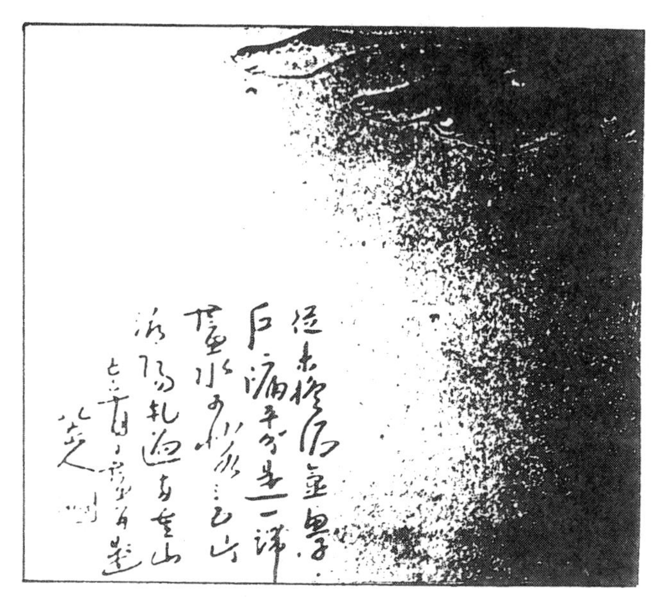

022 P，1689作，魚水圖題詩

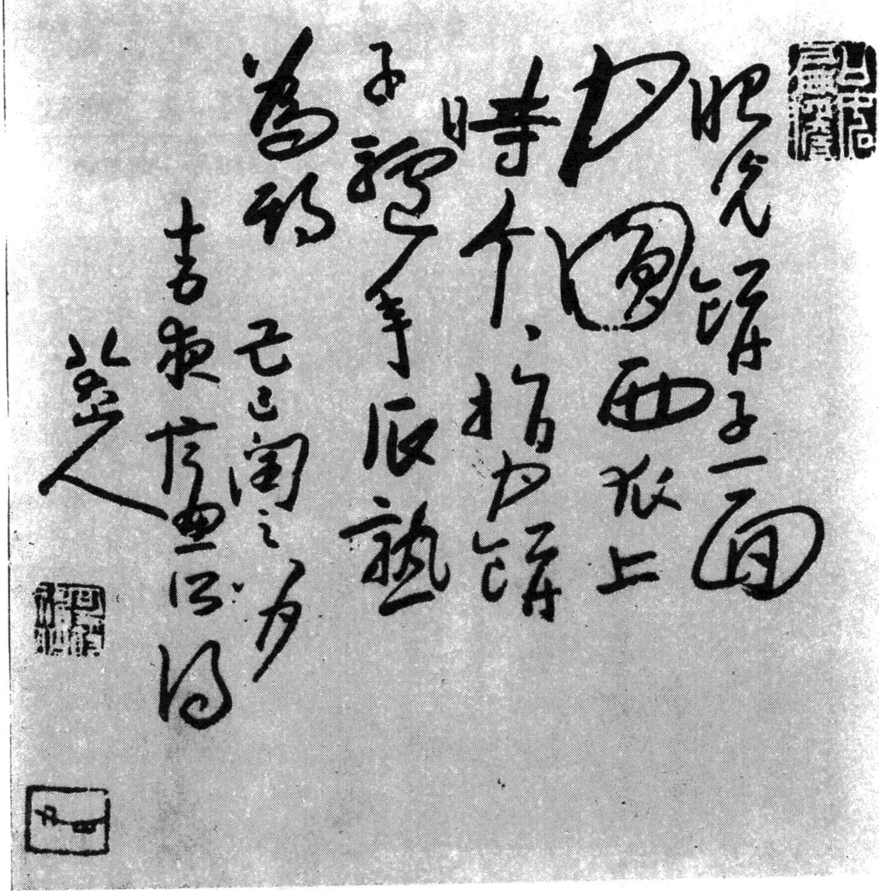

020 P ， 1689 作，月圓西瓜圖題詩

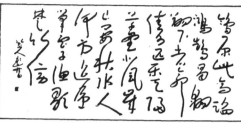

＃ 023 J ， 1689 ？ ，題畫詩

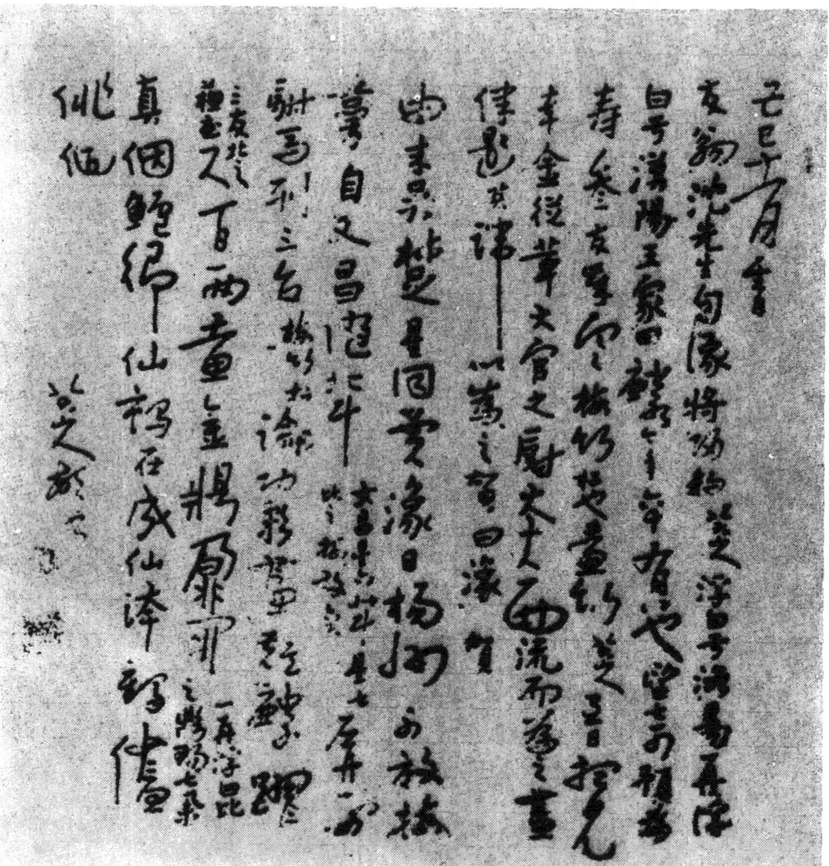

＃ 024 P ， 1689 作，三友圖題跋

＃ 025 J ， 1690 作，致方士琯札

＃ 026 P ， 1690 作

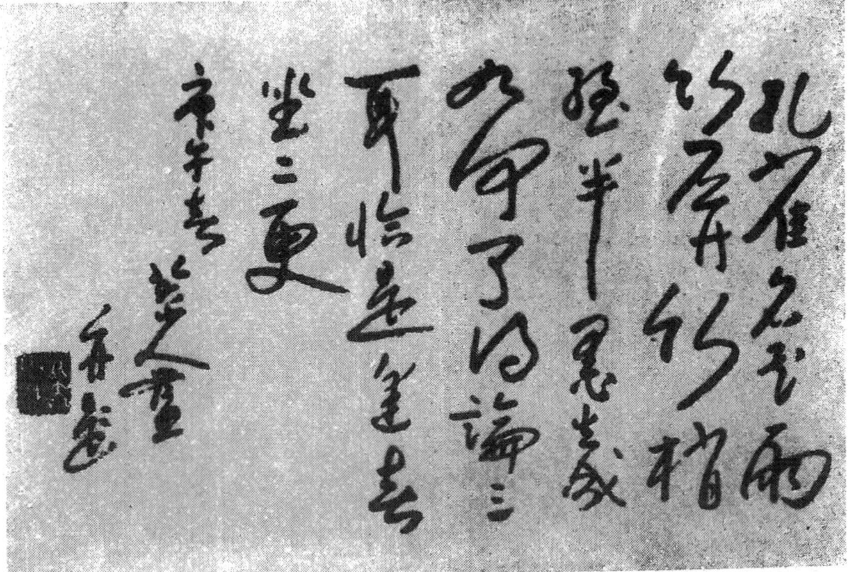

＃ 027 P ， 1690 作，孔雀圖題詩

＃ 029 K，1691作，致方士琯札

＃ 030 K 1691作，致方士琯札

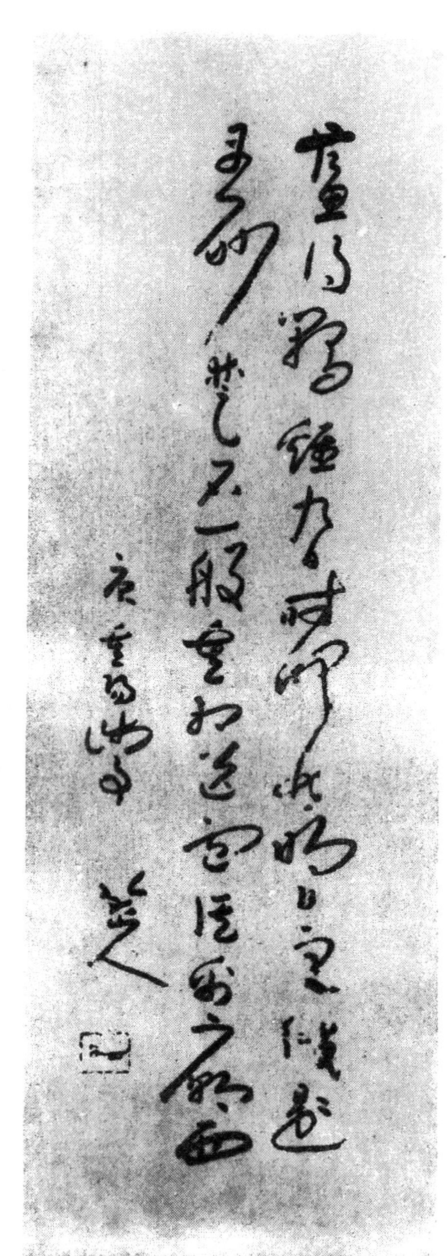

＃ 028 P 八大山人鶺鴒圖軸題識

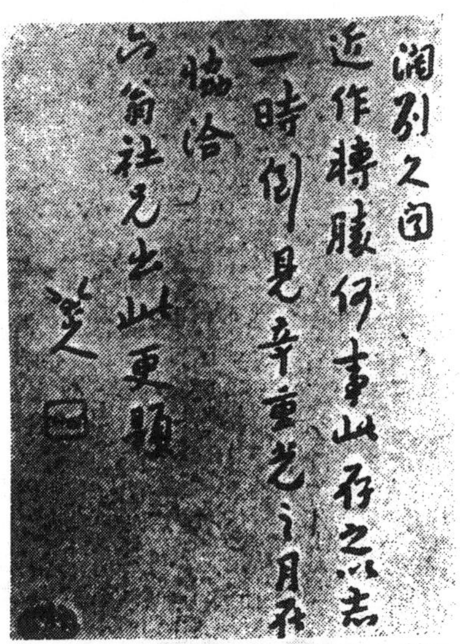

031 Y，1691作，致六翁札

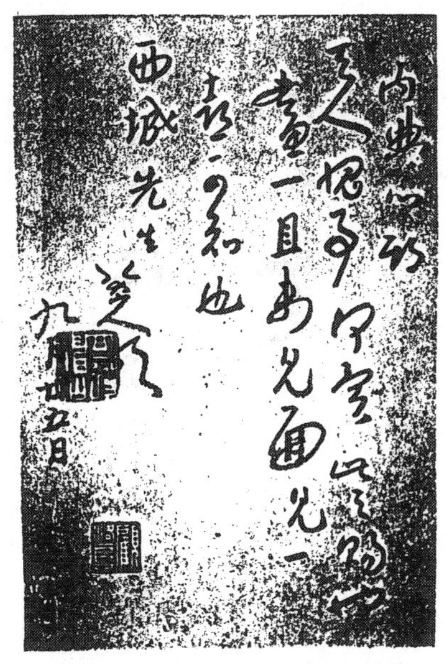

032，1691？，致方士琯札

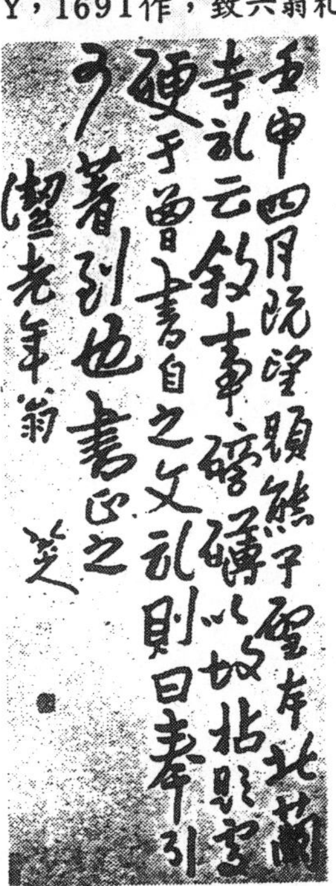

034 Y，1692 作

033 K ， 1691 作，致潔士年翁詩作

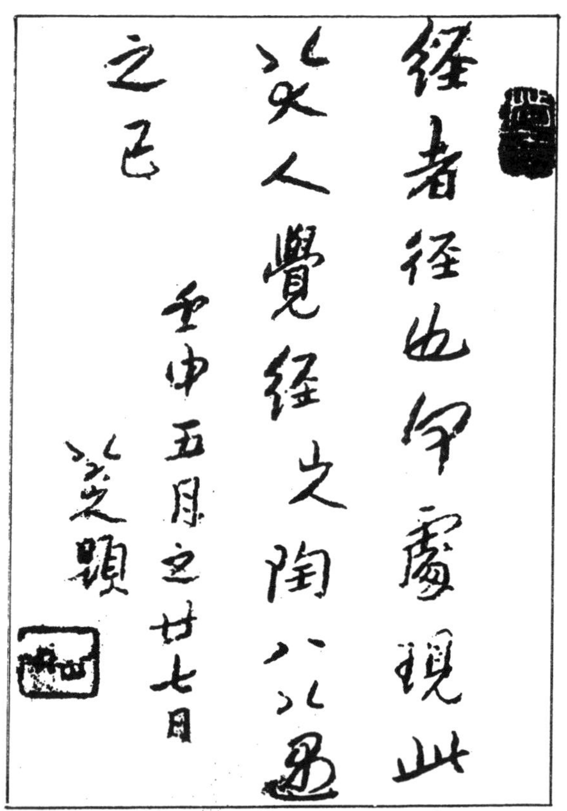

035 P ，1692 作，題八大人覺經

038 Y，1693 作

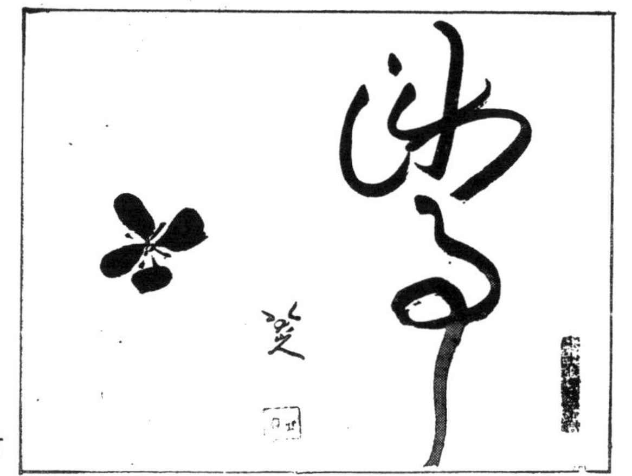

036 P 1692 作，落花册八頁之首

承至言於先聖受真教於上賢探賾妙
門精窮奧業一乘五律之道馳驟於心田
八藏三篋之文波濤於口海爰自所歷之
國總將三藏要文凡六百五十七部譯布中
夏宣揚勝業引慈雲於西極注法雨於
東垂聖教缺而復全蒼生罪而還福濕火
宅之乾燄共拔迷途朗愛水之昏波同臻
彼岸是知惡因業墜善以緣昇昇墜之
端惟人所託譬夫桂生高嶺雲露方得
泫其花蓮出淥波飛塵不能汙其葉非
蓮性自潔而桂質本貞良由所附者高
則微物不能累所憑者淨則濁類不能
霑夫以卉木無知猶資善而成善況乎
人倫有識不緣慶而求慶方冀茲經流
施將日月而無窮斯福遐敷與乾坤而永
大
癸酉五月廿一日兩因臨褚河南書

＃037 J，1693 作，聖教序

＃039 Y，1693 作，臨李北海書

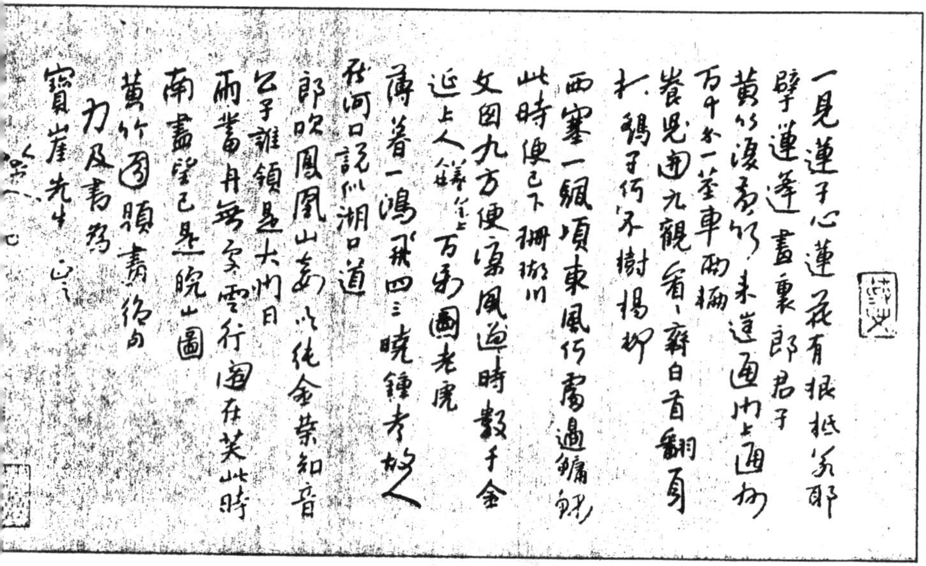

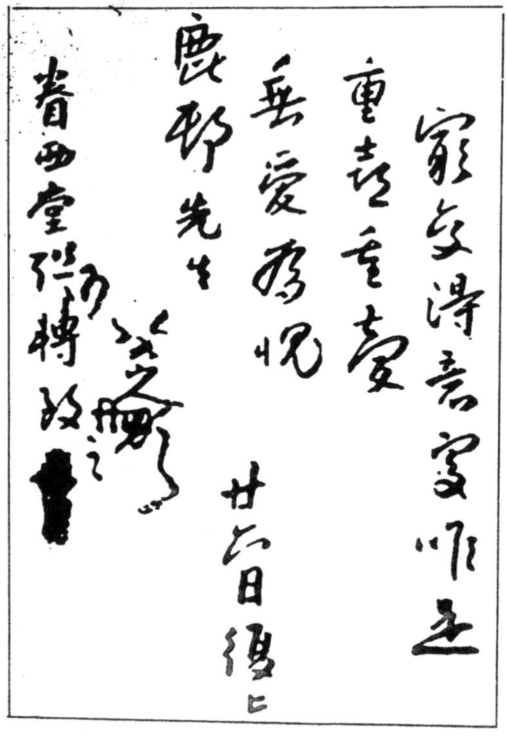

\# 040 K，
1693 作，
致方士琯札

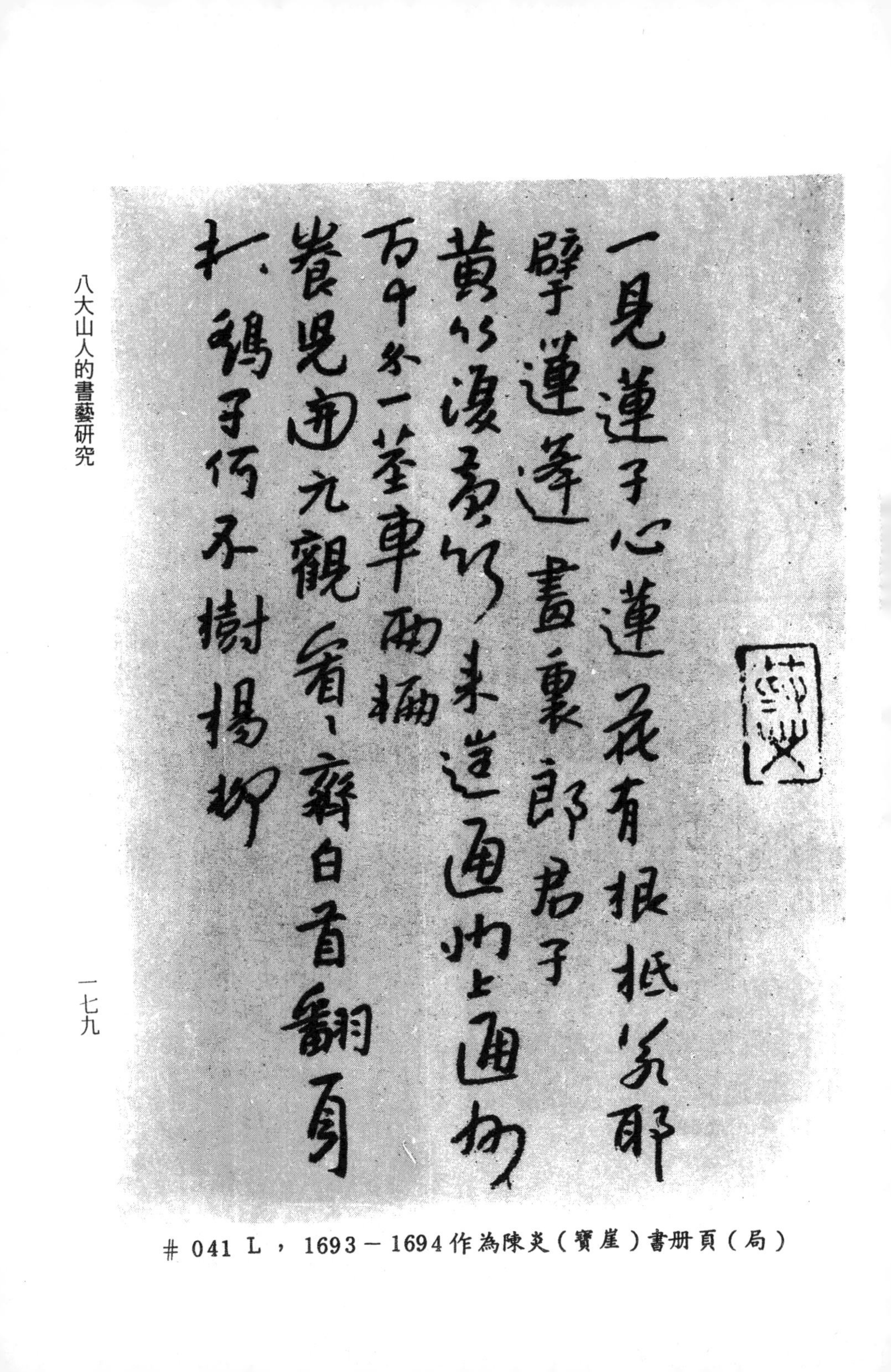

＃041 L，1693－1694作為陳炎（寶崖）書册頁（局）

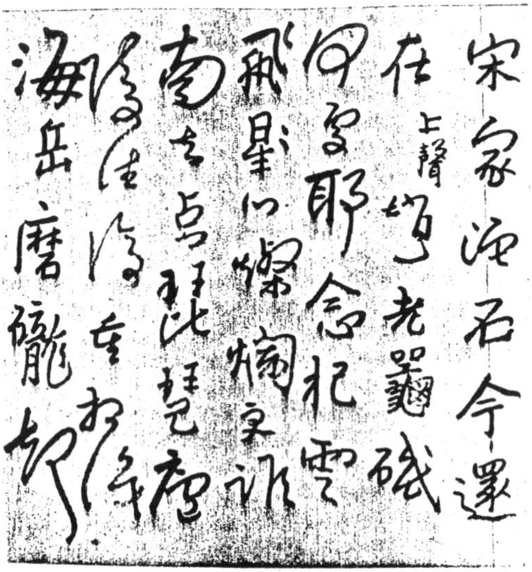

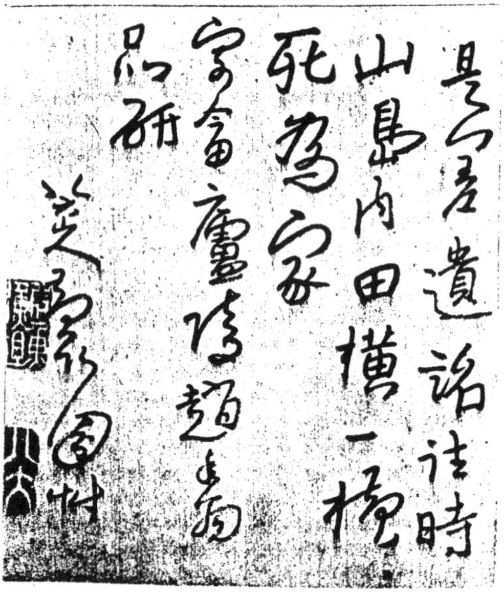

043 D，1693 作

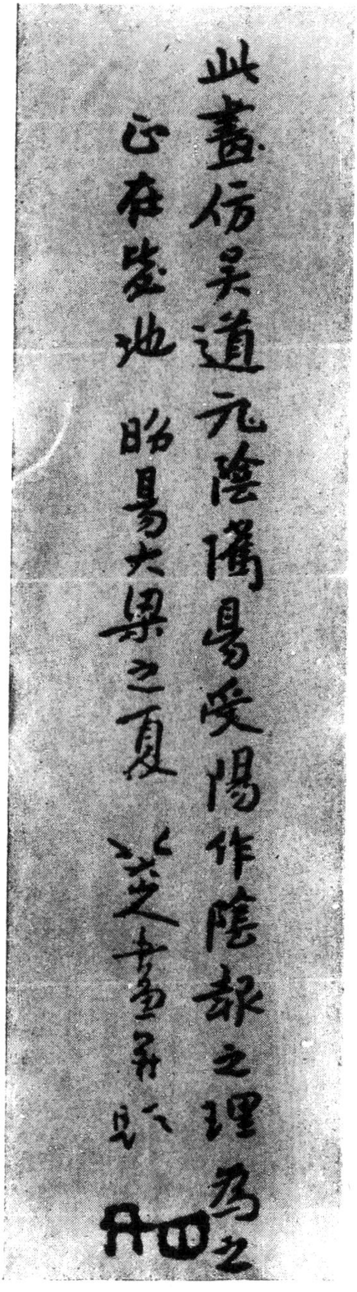

042 P，1693 作，題畫跋

044 D，
1693 作

043 D→

永和九年歲在癸丑暮春
會于會稽山陰之蘭亭
脩禊事也羣賢畢至
少長咸集此地迺峻領
崇山茂林脩竹更有清
流激湍暎帶左右引
為流觴曲水列坐其次是
日也天朗氣清惠風和暢
娛目騁懷信可樂也雖
無絲竹管弦之盛一觴一
詠亦足以暢敘幽情已故
列序時人錄其所述右將
軍司馬太原孫丞公等廿
人賦詩如左
王逸少臨河敘
八大山人

045 J，臨河序

世傳多臨河集敘大為
[illegible][illegible]之作凡數十本此本當
是弁山寶物假子昂北道
十三跋此最以加也
八大山人

癸酉五月廿日又臨一過

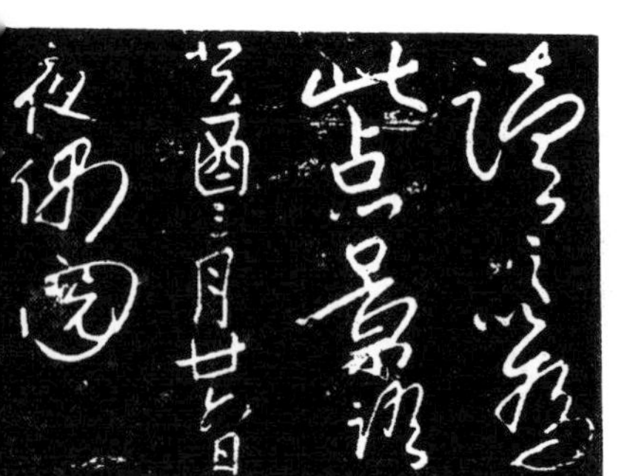

048 Y，1693 作，杜甫詩評

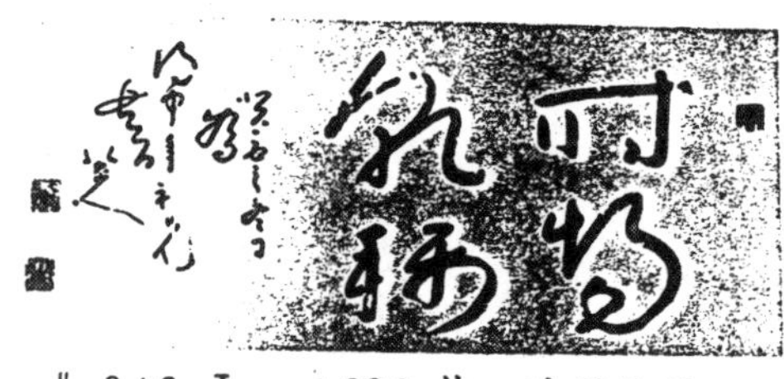

046 J，1693 作，時惕乾稱

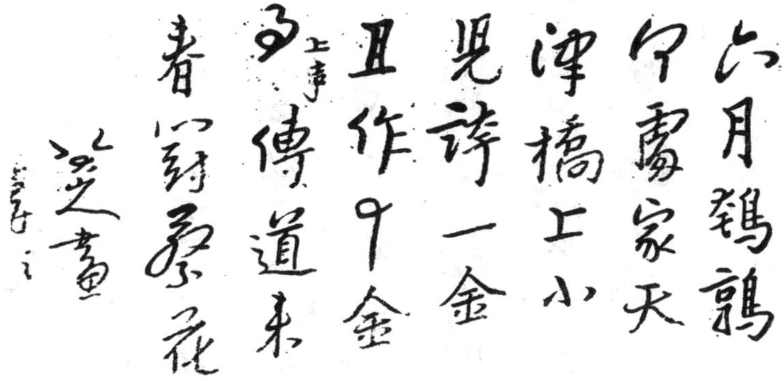

047 J，1693 作

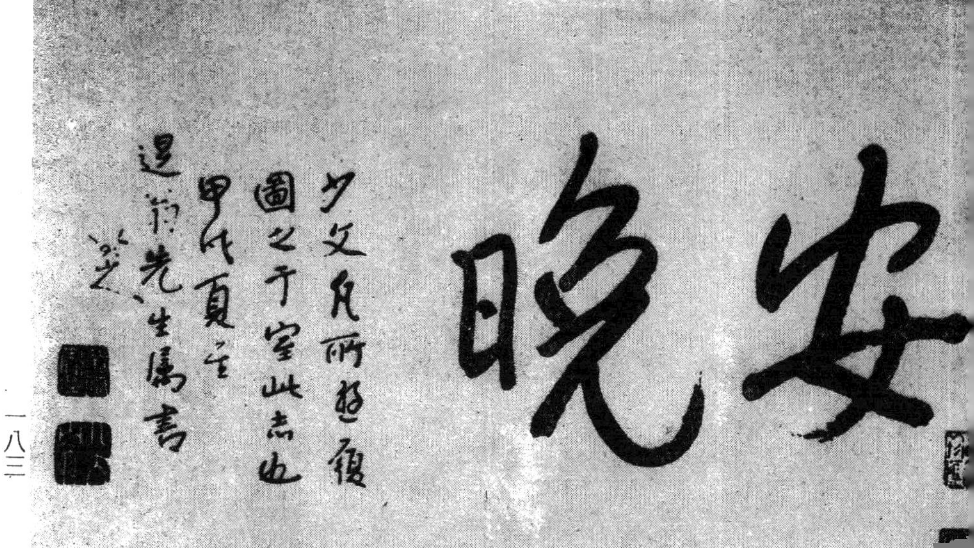

049 P，1694 作，安晚册首

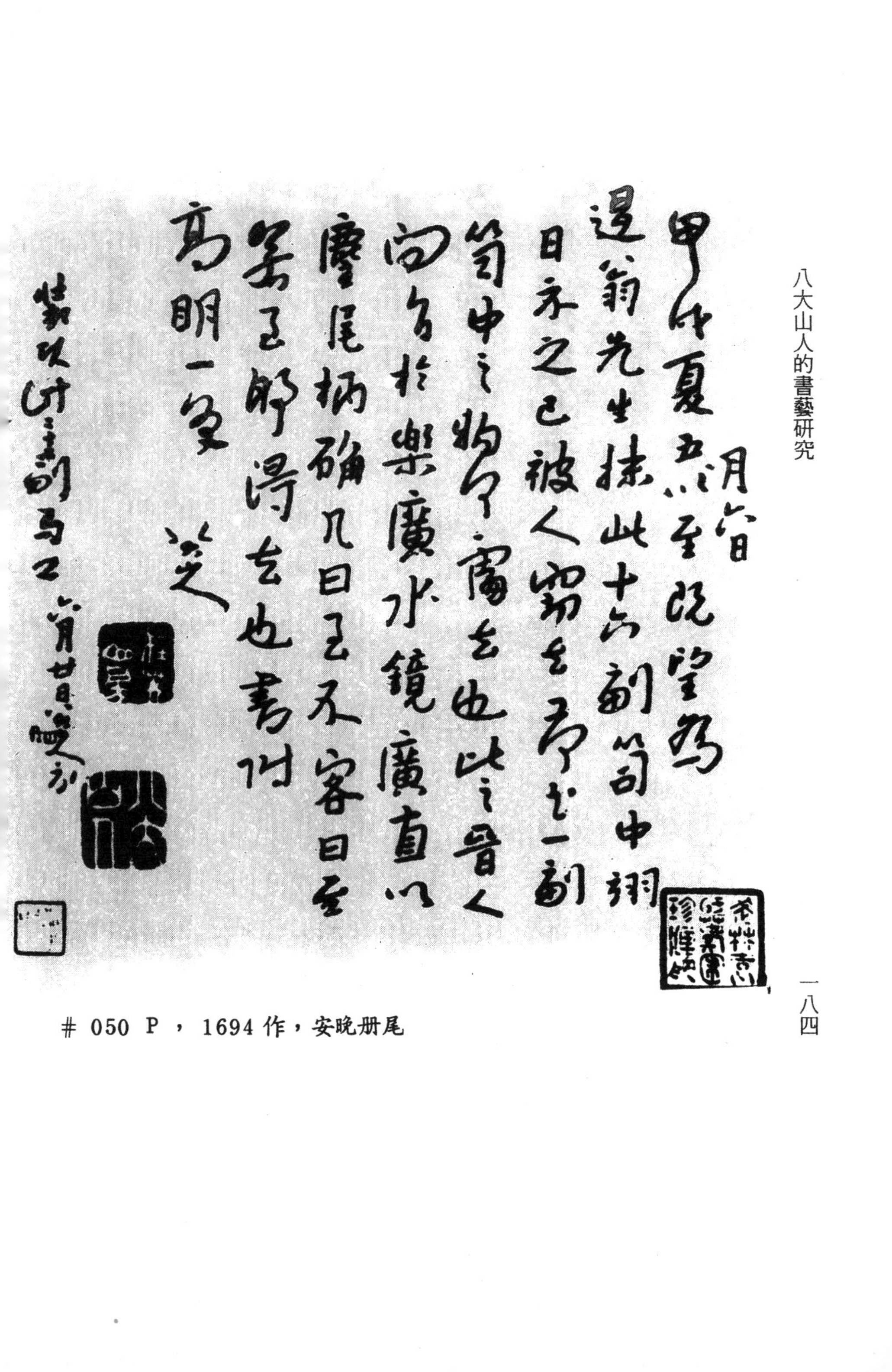

050 P，1694 作，安晚冊尾

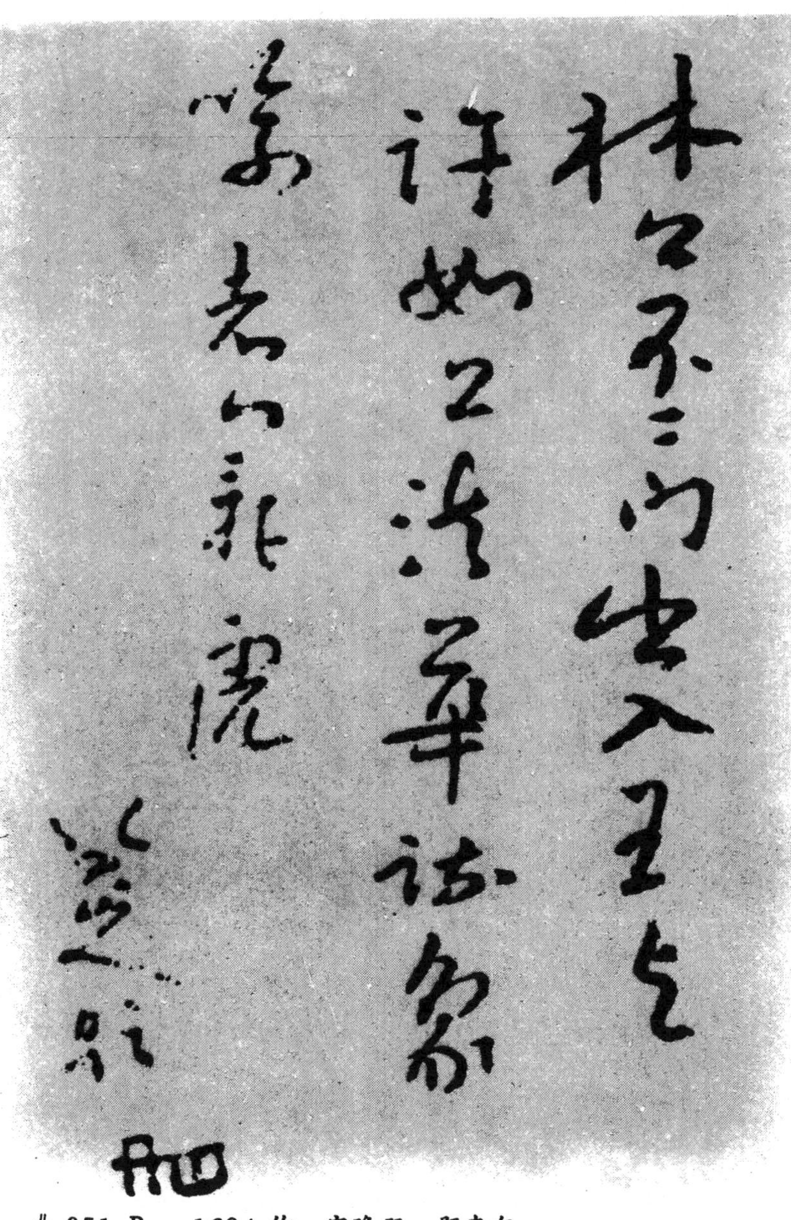

＃051 P，1694作，安晚册，題書句

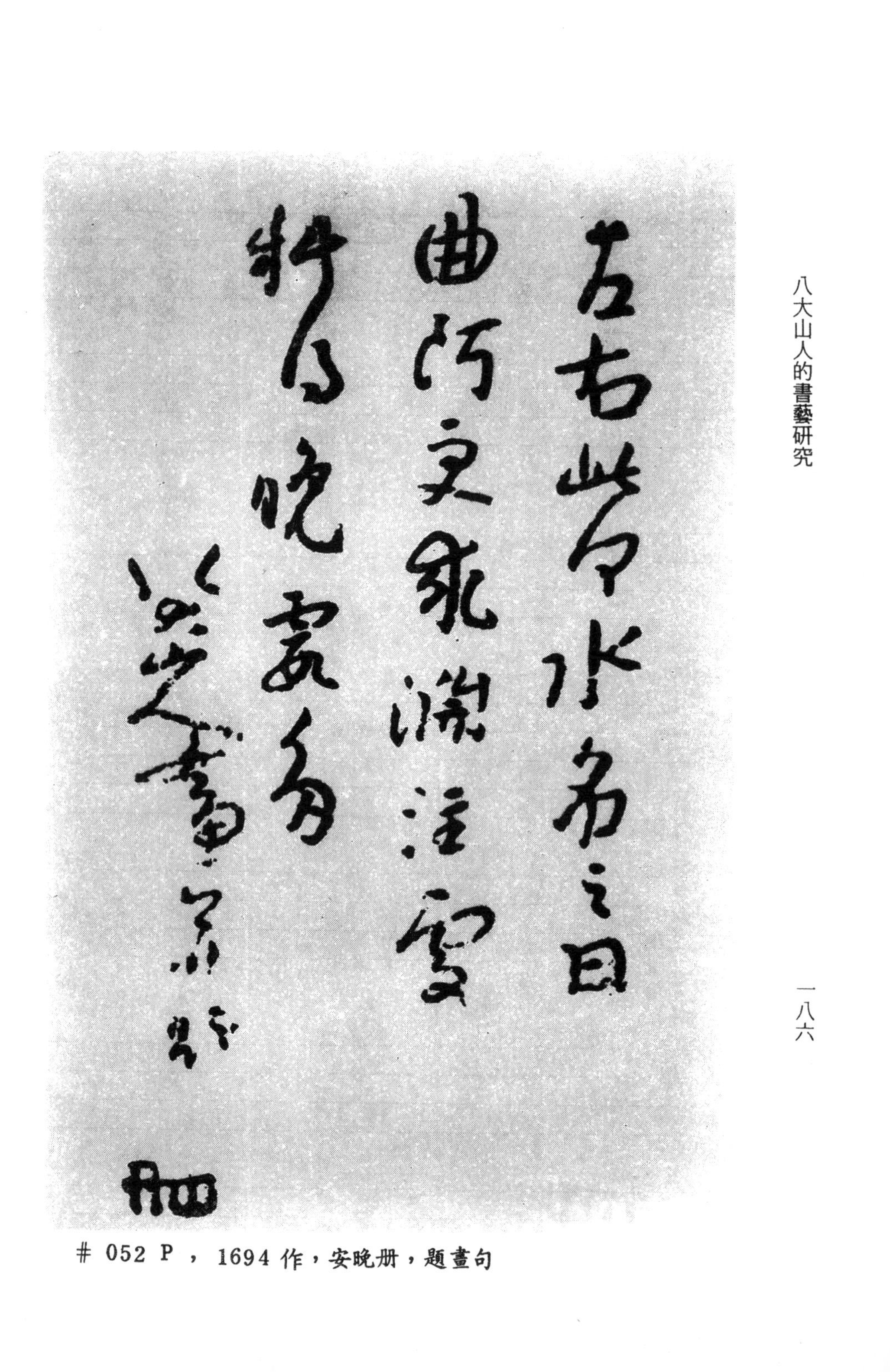

052 P ， 1694 作，安晚册，題畫句

＃ 055 P ， 1694 作，山水軸題句

＃ 054 J ， 1694 ？，畫跋

＃ 053 J ， 1694 作，題畫詩

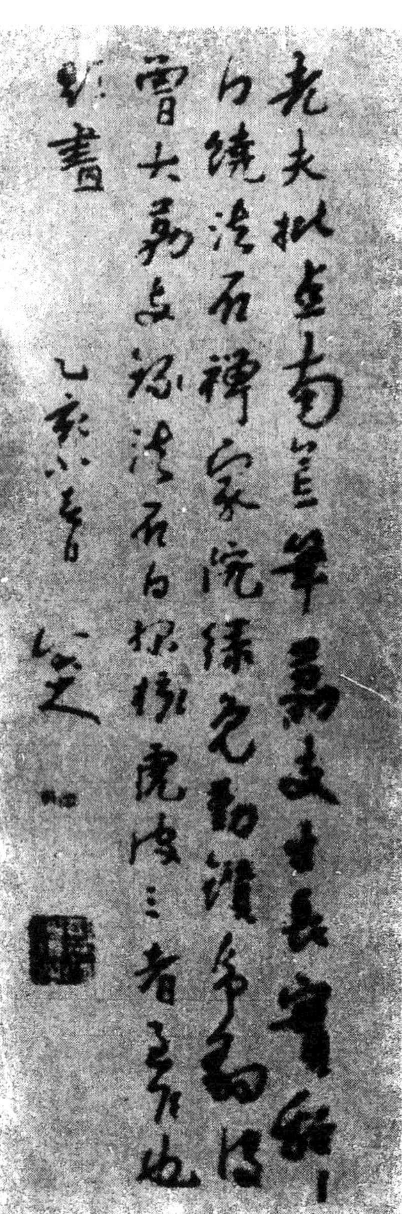

＃058 P，1695作，
荔枝圖題詩

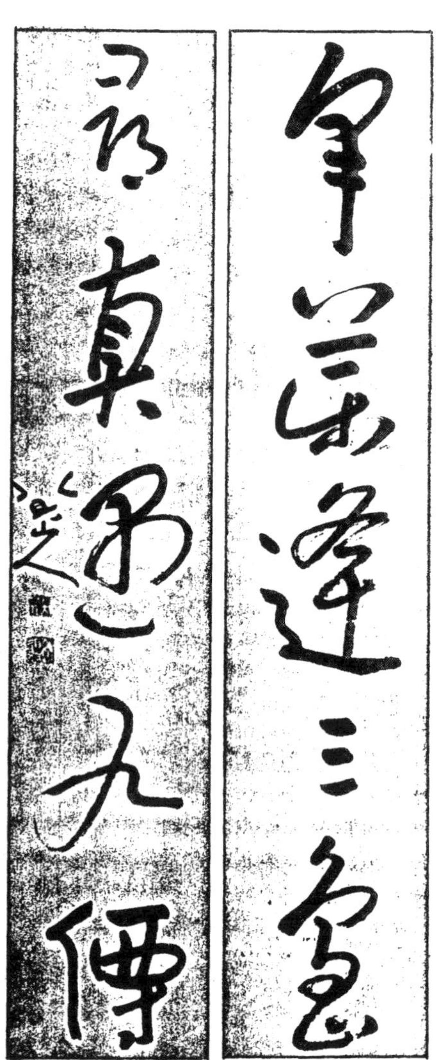

＃056　，1691－1695作

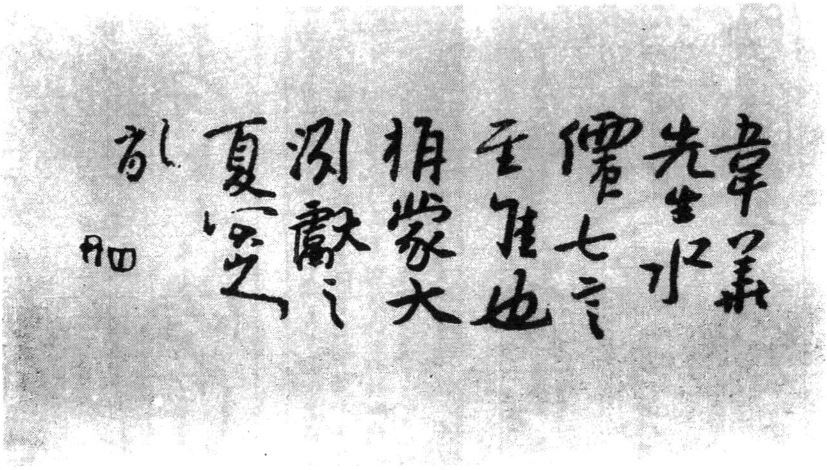

＃ 057 P ，1695 作，水仙圖題識

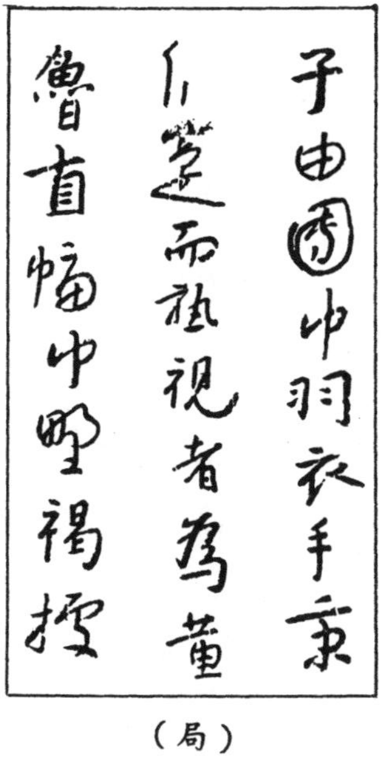

（局）

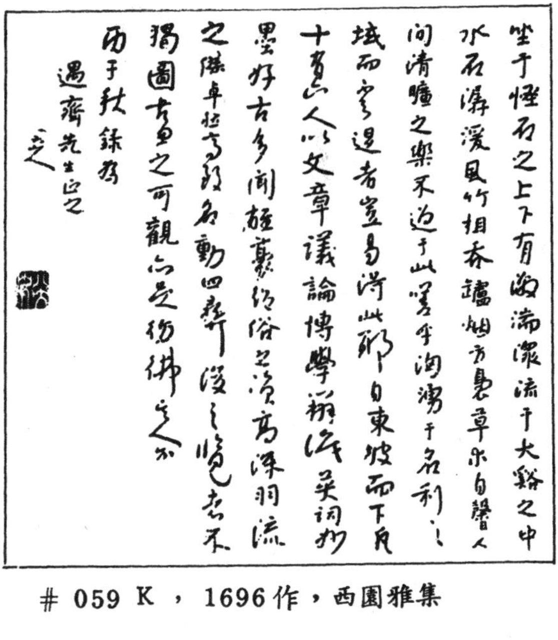

＃ 059 K ，1696 作，西園雅集

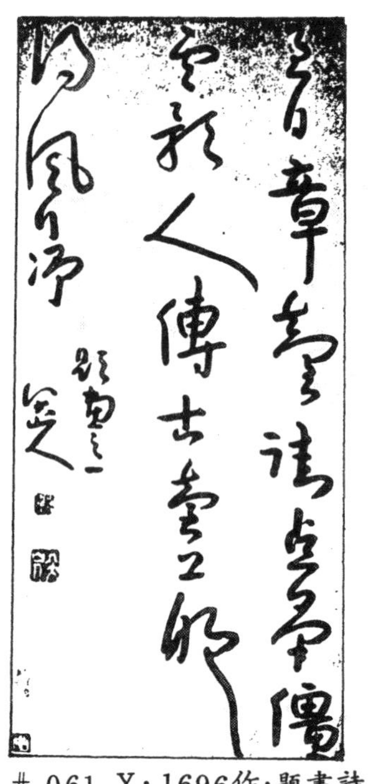

061 Y，1696作，題畫詩

（局）

060 Y，1696作，送李愿歸盤谷

062 L，1696作，為陳炎作，冊頁

063L，1696作，為陳炎作，書畫冊頁

＃064 Y，1696－1697 作，
題畫詩

＃065 S，1696－1697 作，題畫詩

\# 066 Y， 1697 作，宋之問詩冊　　　　（局）

＃ 067 Y， 1697 作，河上花卷

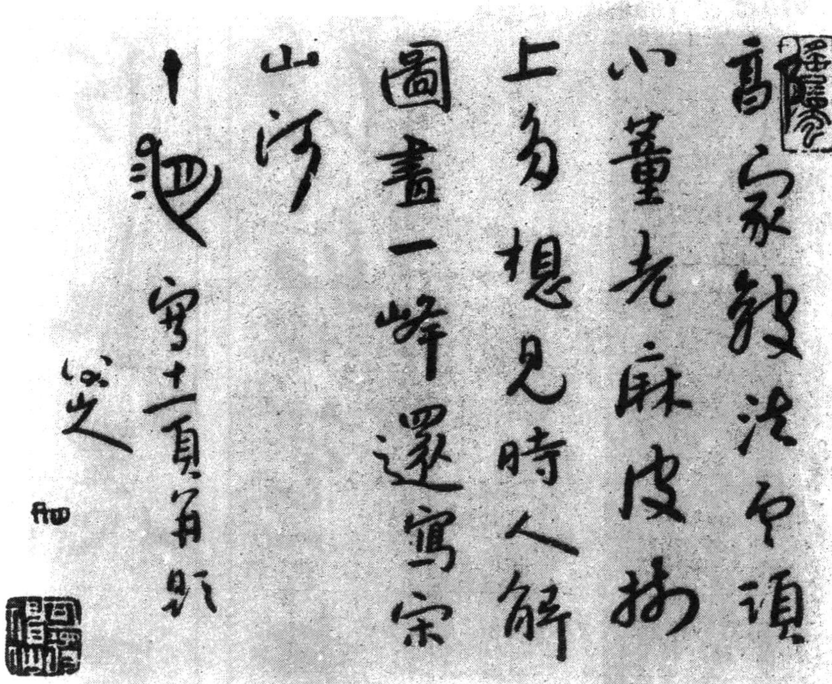

＃ 068 P， 1697 作，山水册十一頁題詩

069 Y，1698作，送李愿歸盤谷

070 Y， 1698 作，孫逖詩

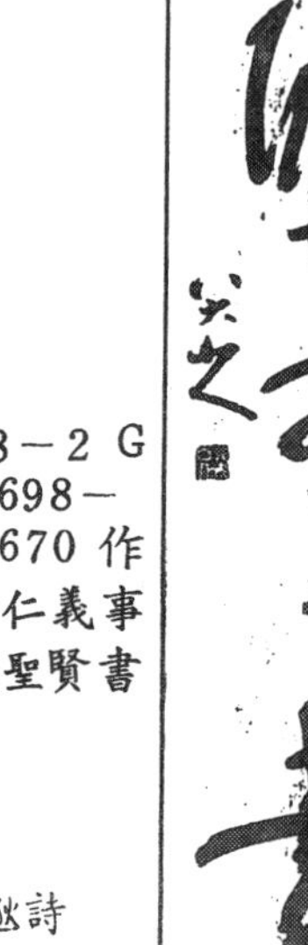

068－2 G 1698－1670 作 行仁義事 讀聖賢書

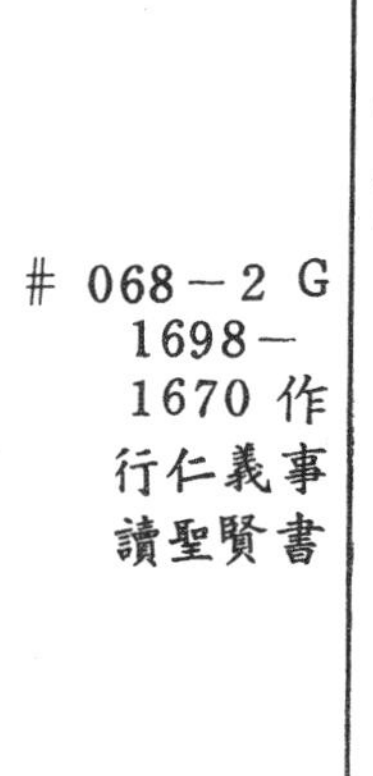

071 Y， 1698 作，孫逖詩

律自石樓東鎮守封司
地之班金冊西符碣命將
軍之秩雖從師中尉揔
南宮之禁甚或瞻劉如
鐵擒緊明霜鬪龍劍之鋒
奉神武之榮名溢寰海
功埒動植其誰由於哉惟大
將軍吳公諱文字才大夫
行內給事父乙郎皇朝金紫
光祿大夫行內常侍七貂之貴
是使金鋪扃慶玉璽承官
長戟森於月宮高門復于寺

敢對揚天子之休命也唐元年
又制進封二冊三階應曆以命騰
遷持大義而不可奪保元勳而
私補過愕愕於宮闈匪懈翹翹
於夙夜勞檢不以秩擢以文林郎
適舉從班也公謹密居體謙
大將軍行右監門衛杜圉以鋒
交衛霍擁衛田竇橫帝步於
朱軒蹉龍領於青宮公之祿
常樂詔許公爲尚書謝病炘
無給秋窺四序之苗雖秋遂
飄飛收百年之卷從賈長沙

072 L，1699作，臨集王羲之半截興福寺碑冊頁（局）

＃ 073 L，
1700 作，
白居易北窗
三友詩册頁

＃ 074 J，
1700 作，
臨河序册

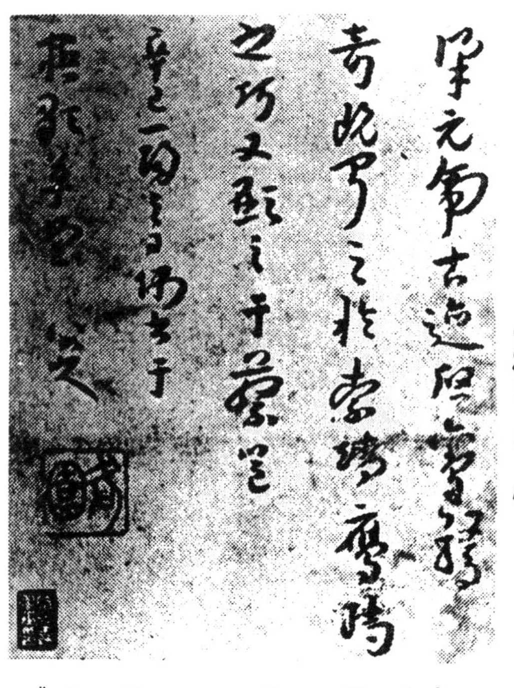

076 Y，1701作，臨梁元帝書

075 J，1698－1701作

077 J，1698－1701作，致方士琯札

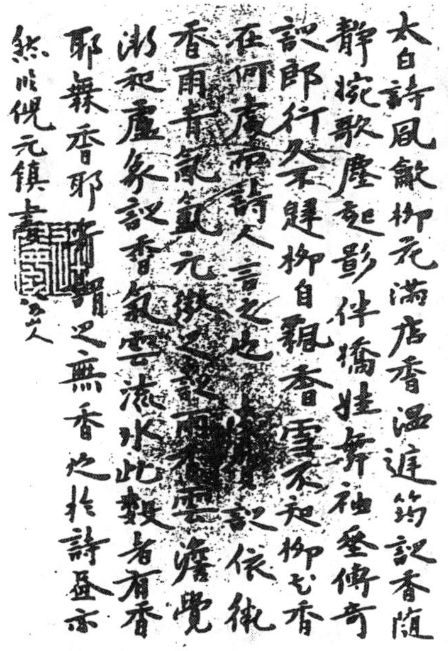

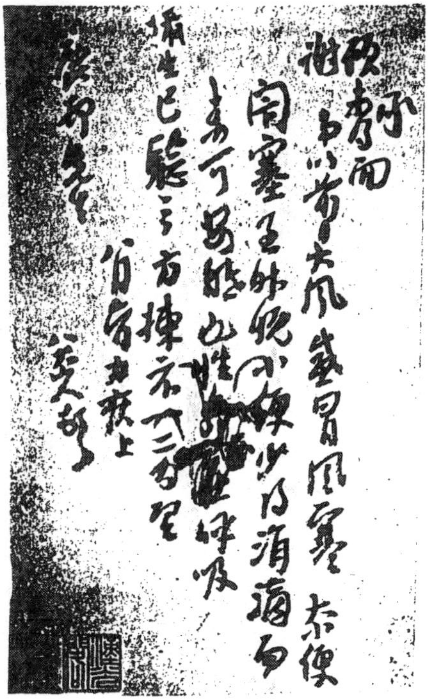

＃ 078 Y，
1698－
1701作，
致方士琯札

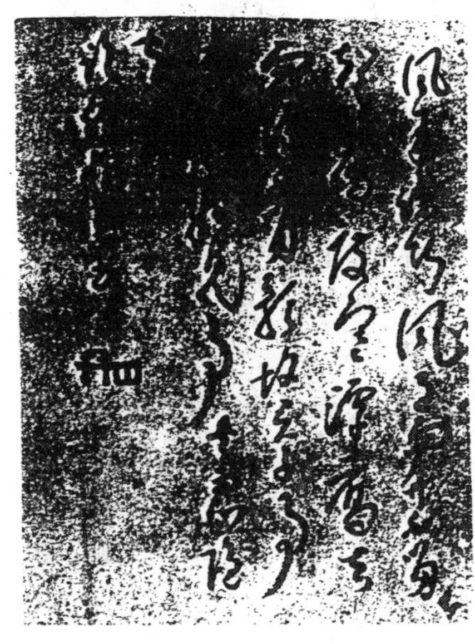

＃ 079 Y，
1702作，
錄古格言册頁

080 D，1702作，

臨索靖月儀帖册頁

080 D，1702 作，臨索靖月儀帖册頁

081 D，1702 作，松柏同春卷

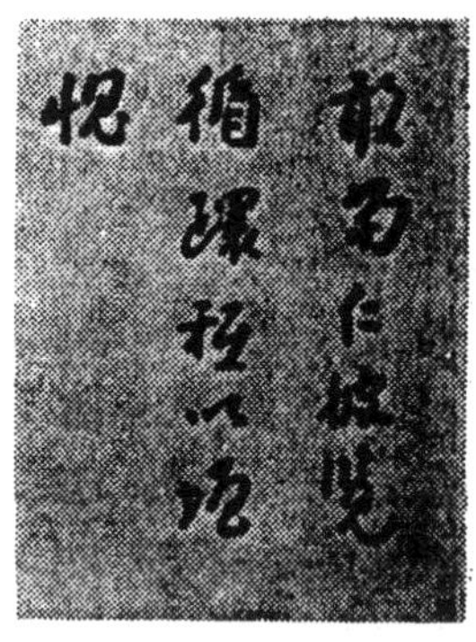

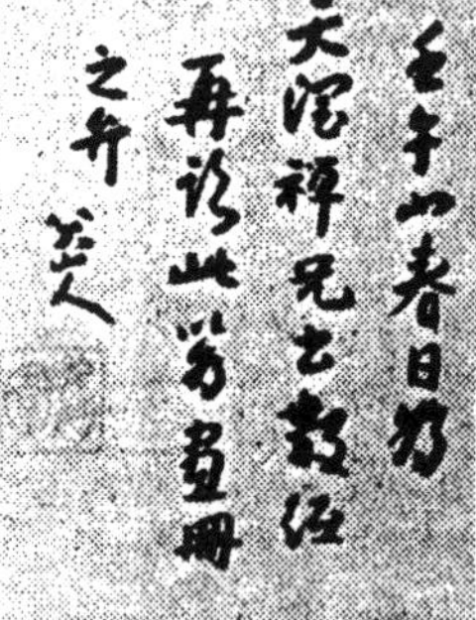

＃ 082 Y，
1702 作，
臨淳化閣帖

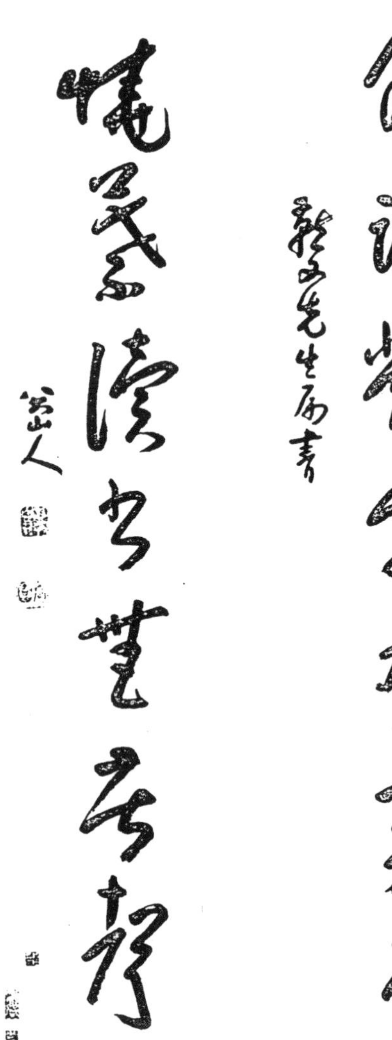

＃ 083 K，1702－1705 作，
草書對聯

清　朱耷书《百字铭》

慾寡精神爽思多血氣衰少杯不亂性忍氣免傷財貴是勤中得富從儉裏來溫柔終
益己強暴必招灾善處真君子刁唆是禍胎暗中休使箭乘衰放些呆養性須修善
欺心莫吃齋衙门休出入鄉黨要和諧安分身無辱閑非口不開世人依此勸災
退福重來　中時行先生百字銘

085 W，1686－1700作

084 P，1702－1705作，題畫詩軸

086 Y，1702－1705作，唐詩四首

087 G，1702－1705作

088 G，1702－1705作

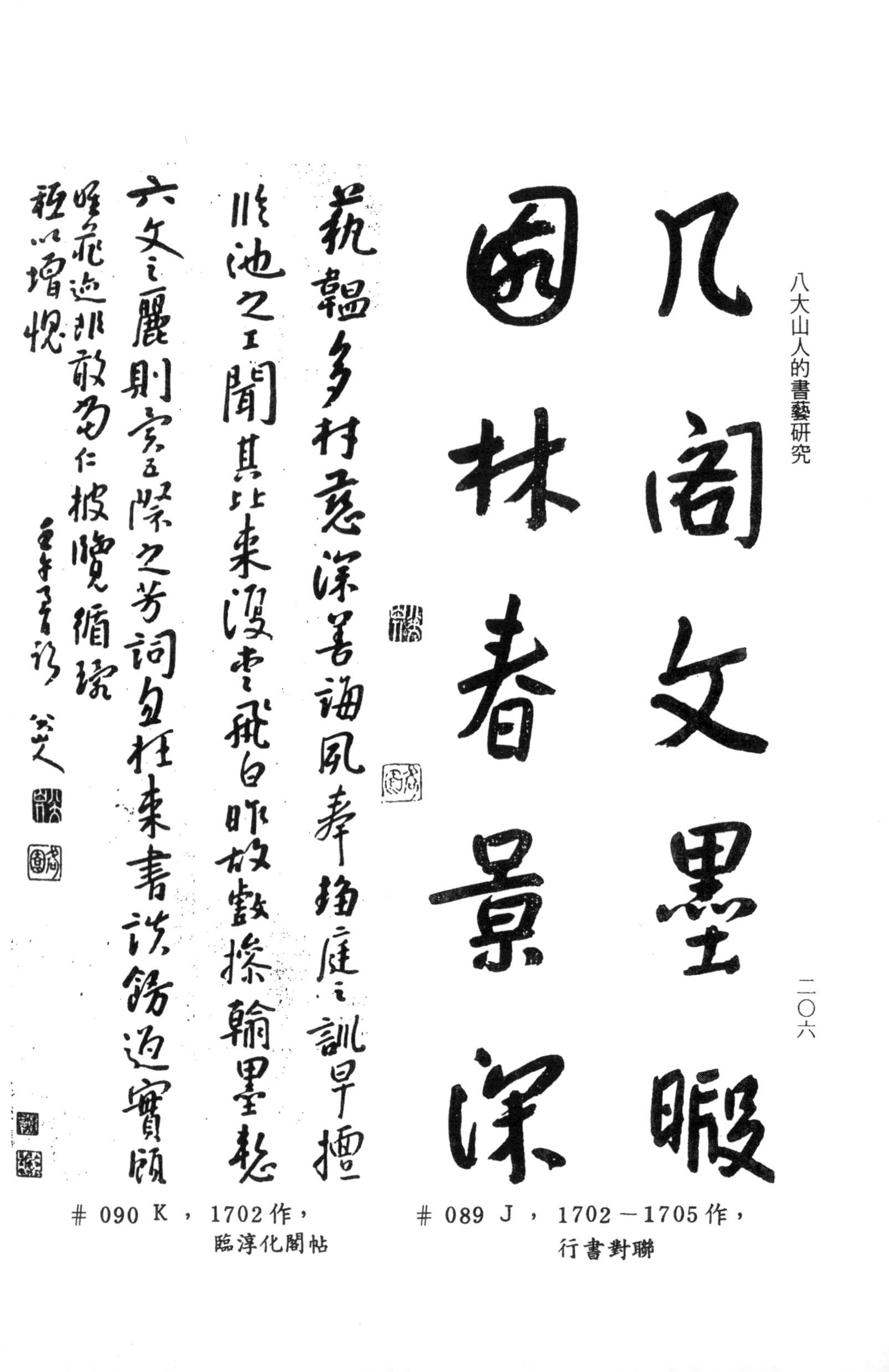

几閣文墨暇
園林春景深

＃ 089 J ， 1702－1705 作，
行書對聯

＃ 090 K ， 1702 作，
臨淳化閣帖

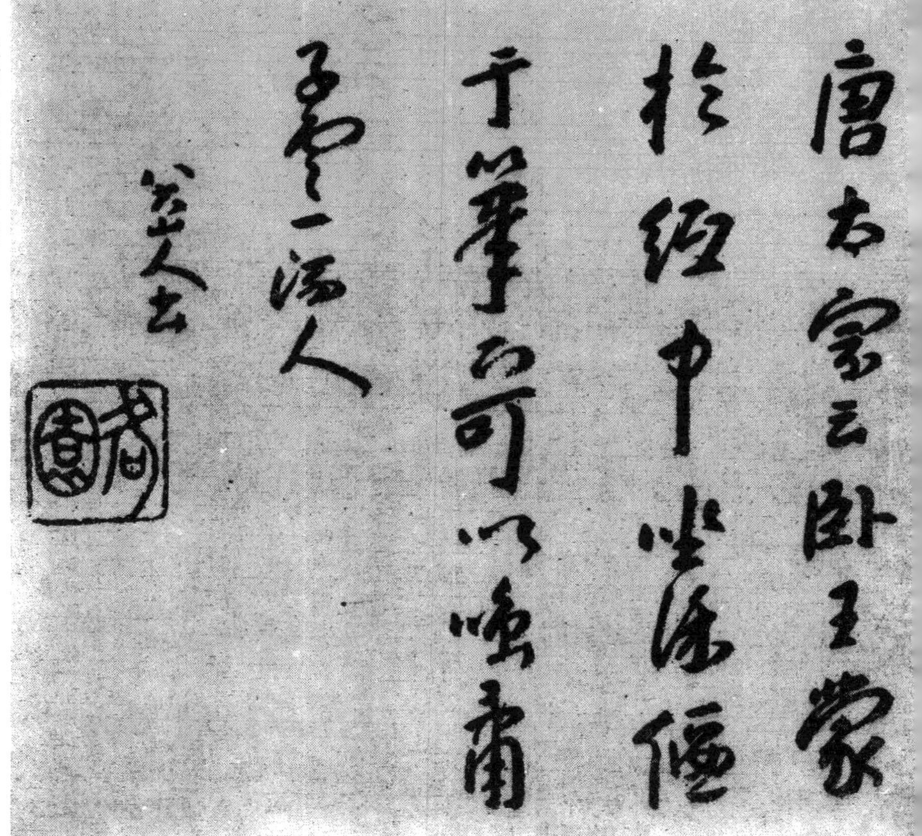

091 P ，1705 作

＃ 092 P，1705 作

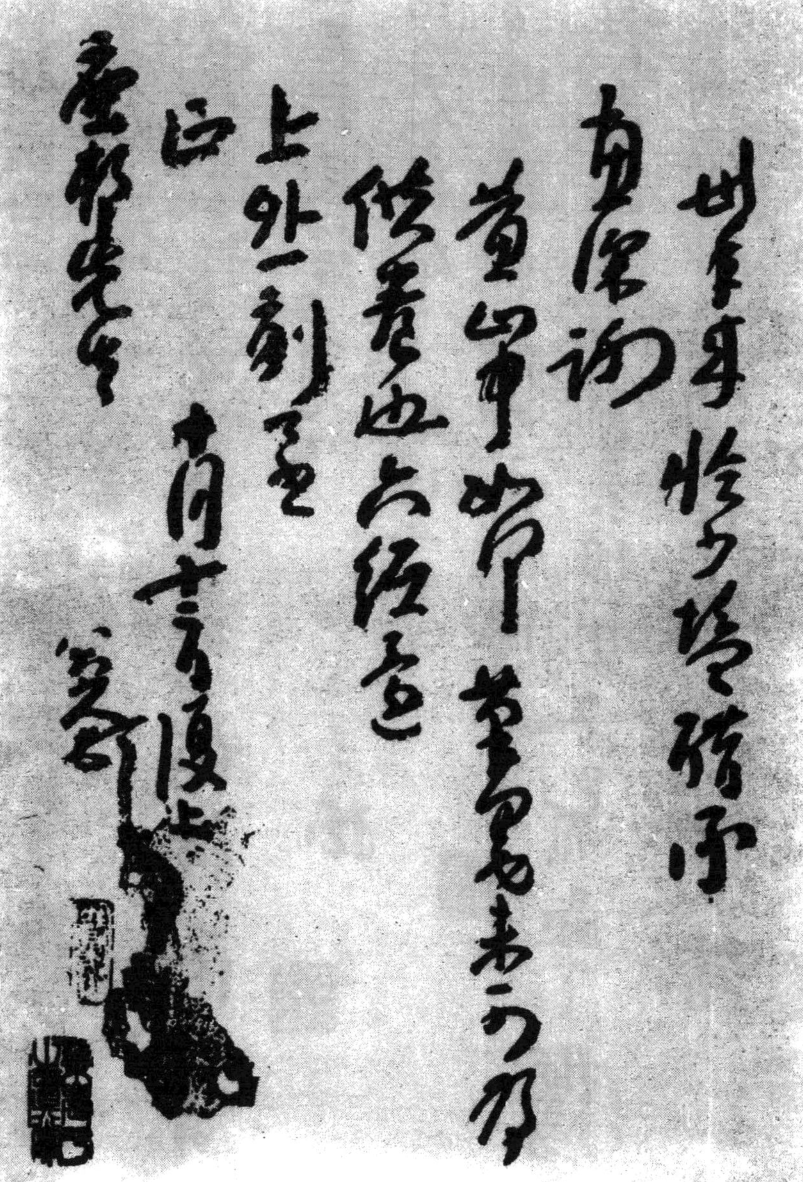

＃ 093 P ， 1700 − 1705 作，致方士琯札

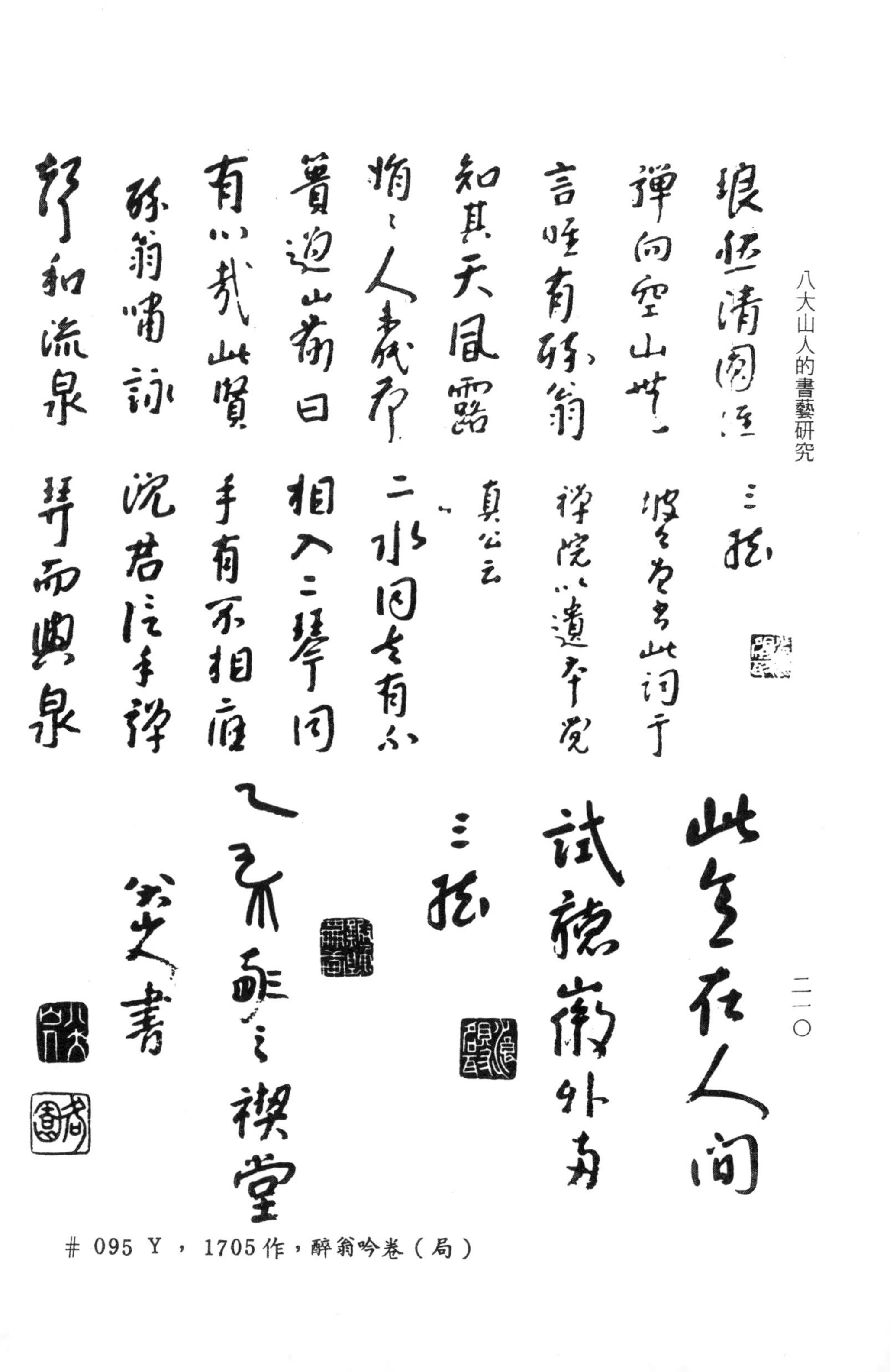

095 Y，1705作，醉翁吟卷（局）

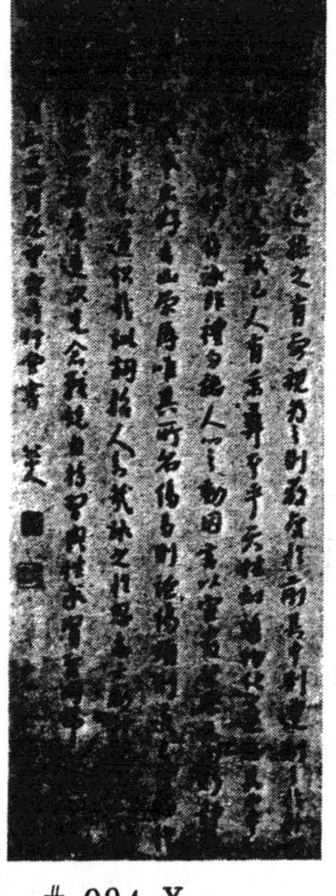

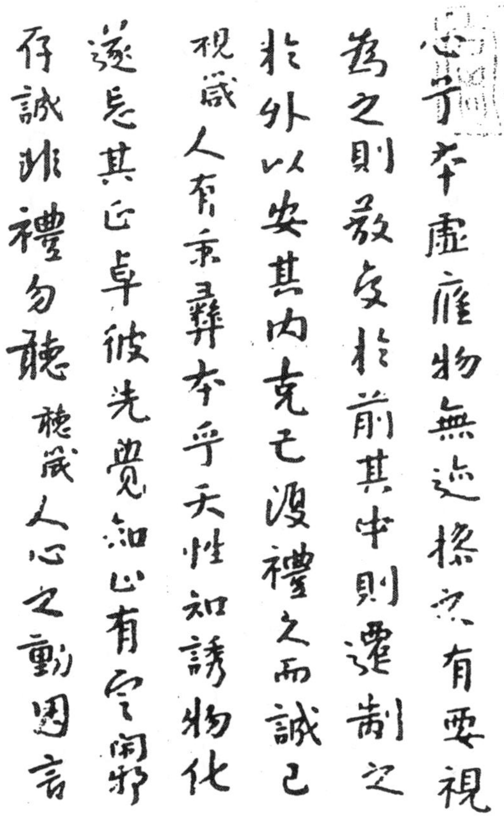

094 Y，1705 作，四箴

096 J，1705 作，四箴

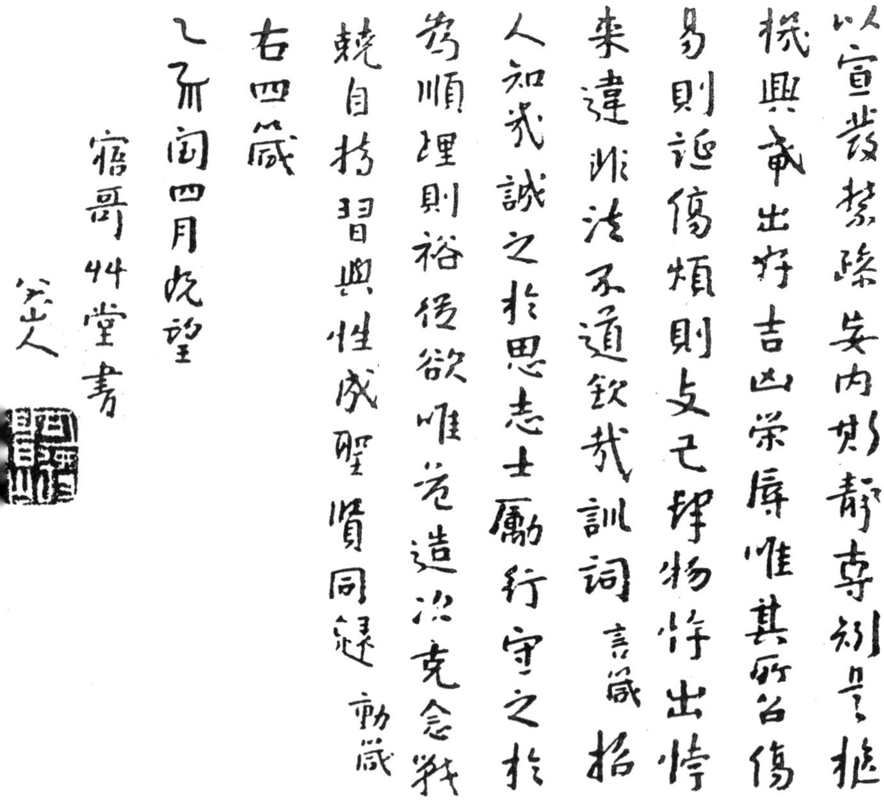
以宣發禁躁妄內斯靜專矧是樞
機興戎出好吉凶榮辱惟其所召傷
易則誕傷煩則支己肆物忤出悖
來違非法不道欽哉訓辭 言箴 哲
人知幾誠之於思志士勵行守之於
為順理則裕從欲惟危造次克念戰
兢自持習與性成聖賢同歸 動箴
右四箴
乙丑閏四月既望
寤歌艸堂書
八大山人

是丁卯大雨三日乃止官吏相與慶於庭
商賈相與哥於市農夫相与忭于野
憂者以喜病者以愈而吾亭適成於是
舉酒于亭上以屬客而告之曰五日不雨
可乎曰五日不雨則無麥十日不雨可乎曰
十日不雨則無禾無麥無禾歲且荐饑
獄訟繁興而盜賊滋熾則吾與二三子雖欲
優游以樂于此亭其可得耶今天不遺
斯民始旱而賜之以雨使吾與二三子得
相與優游以樂於此亭者皆雨之賜也
其又可忘耶既以名亭又從而哥之曰
使天而雨珠寒者不得以為襦使天而雨
玉饑者不得以為粟一雨三日伊誰之力
民曰太守太守不有歸之天子天子曰不然

097 J ，1705 作，超然亭

歸之造物造物不自以為功歸之太空太
空冥冥不可得而名吾以名吾亭

亭以雨名志喜也古者有喜則以名物示
不忘也周公得禾以名其書漢武得鼎
以名其年叔孫勝敵以名其子其喜之大
小不齊其示不忘一也余至扶風之明年始
治官舍為亭於堂之北而鑿池其南引流
種樹以為休息之所是歲之春雨麥于岐
山之陽其占為有年既而彌月不雨民方
以為憂越三月乙卯乃雨甲子又雨民以為未

今天不遺斯民始旱而物之以雨是坡公一
蓋六十年乙酉江右自一月以至四月不雨閏四月
十日乃雨撿趙宧哥卄堂漫書一通
八十老人